教出懂礼仪的孩子

[美] 罗莉·伯金坎　　史蒂夫·阿特金斯 著
Lauri Berkenkamp　　Steven C. Atkins

虞 然 译

图书在版编目（CIP）数据

教出懂礼仪的孩子 /（美）罗莉·伯金坎，（美）史蒂夫·阿特金斯著；虞然译. -- 太原：山西人民出版社，2021.5
ISBN 978-7-203-11754-4

Ⅰ.①教… Ⅱ.①罗… ②史… ③虞… Ⅲ.①礼仪-青少年教育-家庭教育 Ⅳ.① G782

中国版本图书馆 CIP 数据核字（2021）第 063314 号

山西省版权局著作权合同登记图字：04-2021-001

TEACHING YOUR CHILDREN GOOD MANNERS
Copyright as per the original edition
This edition arranged with Nomad Communications & Susan Schulman A Literary Agency through Big Apple Agency, Inc., Labuan, Malaysia.
Simplified Chinese edition copyright:
2021 Beijing Green Beans Book Co., Ltd.
All rights reserved.

教出懂礼仪的孩子

著　　者：	（美）罗莉·伯金坎　（美）史蒂夫·阿特金斯
译　　者：	虞　然
责任编辑：	李　鑫
复　　审：	傅晓红
终　　审：	贺　权
装帧设计：	蒋宏工作室
出 版 者：	山西出版传媒集团·山西人民出版社
地　　址：	太原市建设南路21号
邮　　编：	030012
发行营销：	0351-4922220　4955996　4956039　4922127（传真）
天猫官网：	https://sxrmcbs.tmall.com　电话：0351-4922159
E—mail：	sxskcb@163.com　发行部 sxskcb@126.com　总编室
网　　址：	www.sxskcb.com
经 销 者：	山西出版传媒集团·山西人民出版社
承 印 厂：	天津旭丰源印刷有限公司
开　　本：	889mm×1194mm　1/32
印　　张：	7
字　　数：	110千字
印　　数：	1-8000册
版　　次：	2021年5月　第1版
印　　次：	2021年5月　第1次印刷
书　　号：	ISBN 978-7-203-11754-4
定　　价：	38.80元

如有印装质量问题请与本社联系调换

ACKNOWLEDGEMENTS

致 谢

  这本书是许多人的共同作品，在漫长的研究、写作和制作成书过程中，所有人都表现出了令人难以置信的耐心（以及美好的礼仪）。我要感谢雷切尔·伯努瓦、莱斯利·康诺利、莱斯利·约翰斯顿和克里斯汀·威尔逊，他们提供的信息、建议和个人逸事都是本书的基础。非常感谢 Big Hed 设计公司的查理·沃格洛姆，他设计了非常棒的插图。还要感谢 Nomad 出版社的每一个人，感谢他们的帮助、辛勤工作和持久的幽默感，特别是亚历克斯·卡亨的点子，苏珊·黑尔的编辑经验，还有戴维·莫林出色的书籍设计。最后，要感谢理查德、萨莎、诺亚和西蒙，是他们为我提供了写一本关于礼仪的书的灵感。请闭上嘴巴，细细品尝。

——罗莉·伯金坎

我要感谢我的父母——汤姆和玛莎,感谢他们的支持和理解,还有他们的幽默感。我的成就体现了他们的爱和养育子女的技巧。我还要感谢斯泰茜·"梅"和杰夫,他们是我生命中有幸遇到的两位非凡的人。感谢你们来到我身边。最后,我要感罗莉·伯金坎的辛勤工作和奉献精神。她对这个主题的坚信不疑使这本书成为可能。

——史蒂夫·阿特金斯

TABLE OF CONTENTS

目 录

引 言 1

为何要教授良好的礼仪 3 / 如何使用这本书 3

礼仪教学的黄金法则 5 / 你的教学方法 7

第一章　餐桌礼仪：别在满嘴食物时说话　9

基本原则 11 / 可能完成的任务 13

准备就绪 13 / 摆设餐桌 15

适当的时候表达谢意 16 / 调适心情 18

上菜和传菜 19 / 吃完再要 21 / 使用餐具 23

在餐桌上聊天 25 / 当愉快的聊天变得糟糕时 26

用餐完毕 27 / 餐后清理 27 / 尝试新的食物 28

良好的餐桌礼仪的强化训练方法 30

问与答 35 / 期望清单 37

1

第二章　交际与语言礼仪：你刚刚说了什么？　43

基本原则 46　/　魔力词汇 47　/　请原谅 48

学会道歉 49　/　说话的语气 50

厕所谈话留在厕所 52　/　谈论金钱 53

谈论性 54　/　赞美他人 55　/　只是说声谢谢 56

插嘴 56　/　谈论差异 58

良好的交际与语言礼仪的强化训练方法 59

问与答 63　/　期望清单 65

第三章　见面和问候礼仪：我想让你认识一下……　69

基本原则 72　/　让孩子做好互相介绍的准备 73

称呼成年人的名字 74　/　眼神交流 77　/　应门 78

客人进入房间 80　/　别忘了你们的听众 82

良好的见面和问候礼仪的强化训练方法 83

问与答 87　/　期望清单 90

第四章 电话礼仪：喂，你是谁啊？ **95**

基本原则 97 / 接电话 99 / 你是谁啊 100

多小算太小 101 / 要求来电者表明其身份 101

如果你看不见他们，就去找他们 103 / 你妈妈在吗 103

帮他人带口信 104 / 打电话 105 / 留口信 106

呼叫等待 106 / 拨错号码 107 / 当与别人通话时 108

良好的电话礼仪的强化训练方法 110

问与答 114 / 期望清单 116

第五章 派对礼仪：邀请函、承诺，以及可怕的感谢信 **121**

基本原则 124 / 非正式邀请 126 / 玩伴聚会礼仪 126

大孩子的黄金法则 129 / 发出正式邀请 130

接受邀请、遵守承诺 131 / 当一个好客人 134

当一个好主人 136 / 接受礼物 138

你花多少钱买的 139 / 离开派对 139 / 感谢信 140

良好的派对礼仪的强化训练方法 141

让写感谢信更有趣、少费劲的妙招 144

问与答 146 / 期望清单 148

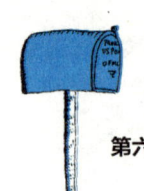

第六章 旅行礼仪：别踢我的座位！ **153**

基本原则 156　/　等候区及其他公共站点 158

在旅途中 159　/　从此地到彼地 164　/　公共场所 166

在外就餐 167　/　在餐厅就餐 170　/　点餐 172

在别人家里用餐 172　/　当众纠正你的孩子：保持安静 173

良好的旅行礼仪的强化训练方法 175

我们到了没 179　/　玩些游戏 180　/　问与答 183

期望清单 185

第七章 运动场礼仪：我们稳赢！你们必输！冲啊！ **191**

基本原则 195　/　培养团队精神：创造积极的环境 196

如果你是教练 198

用"三明治法"进行教学与指导 200

输赢不失尊严 201　/　如何成为一名出色的体育榜样 202

良好的运动场礼仪的强化训练方法 206

问与答 210　/　期望清单 212

INTRODUCTION
引 言

你一想到要和完美、可爱的孩子们一起去餐厅，享受一顿温馨的家庭晚餐，就会激动不已。不到一小时，你的餐桌看起来就已经像战场一样，你方完败。三岁的女儿突然声称已经吃好晚饭，从位子上爬了下来，到其他桌子旁张望。她六岁的哥哥在用自己的餐具作为武器来对付一个隐身的敌人，所有巨大的声音效果都是你有望在黑暗星球上的战斗中听到的。与此同时，你十三岁的孩子却在角落里生闷气，因为你居然敢让他挺直坐好。餐厅里的每个人肯定都在盯着你，觉得你是个糟糕的家长，连礼仪都懒得教。你发誓再也不出来吃饭了。

听起来很耳熟？别担心，请阅读本书。**《教出懂礼仪的孩子》** 这本书旨在通过具体的想法、有趣的游戏和活动，帮助你以一种直接、常识性的方式，向你的孩子传授良好礼仪的基础知识。每一章的所有建议和信息都针对相应的年龄段，因为你肯定不能指望一个三岁的孩子会和一个十三岁的孩子拥有相同的言行举止，尽管他们有时表现得那么相似。

为何要教授良好的礼仪

让我们面对现实吧，良好的礼仪是很重要的——它能表现出对他人的尊重。礼仪是让世界变得更美好的不成文的行为准则。和一个张着嘴大声咀嚼的人一起吃饭是令人作呕的。坐在飞往芝加哥的航班上，一个八岁的孩子全程踢着你的椅背，这是一种折磨。我们都想生活在一个人人都有礼貌、尊重他人的社会里。我们都希望自己的孩子能给他人留下好印象，无论是在通电话时还是在自我介绍时。想想看：现在教给孩子正确的餐桌礼仪，可能会在二十年后的关键面试中得到回报，而那场面试正好是以午餐的形式结束。良好的举止对你的孩子有好处，甚至可能给他们的生活带来益处。

良好的礼仪表现出对他人的尊重，并且让世界变得更加美好。

如何使用这本书

这本书应该成为一份指南，这里讨论的礼仪建议是那些在美国公认有礼貌的行为，其中大多数也是全世界通用的。本书认为，养育孩子的确是一件严肃的事情，但同时也是令人抓狂的，而且常常是很有趣的。建议和考虑教给孩子恰当的社交礼仪是基于这样的视角：孩子们偶尔会在餐桌上大声打嗝，正好在不当的时刻发出此声，而且孩子们通常不会像电视情景剧里的任何一个孩子那样举止得当——除非你把《辛普森一家》也算进去。

《教出懂礼仪的孩子》条理很清晰，这样你既可以直接通读，也可以在特定的时间选读对你最有用的部分。每一章讨论一种不同的社交场景，并且针对这种情景提供相应礼仪的简要概述。你会发现将这些礼仪教给不同年龄段孩子的宝贵建议，辅之以与年龄相符的游戏、活动和思路，种种旨在强化该章所讨论的礼仪知识。**问与答**着眼于常见的情况，并提供实用的解决方案，随后是**期望清单**，此部分按年龄划分。

你担心你的孩子永远会像野人一样吃东西吗？请读**第一章《餐桌礼仪》**，来获取使用餐具的建议和有用的提示、恰当的餐桌对话以及餐桌上的其他礼仪。**第二章《交际与语言礼仪》**提供了一些关于说话得体的建议和方法，无论当时的情况多么令人尴尬。如果你想知道如何把孩子介绍给被称为神秘生物的成年人，请读**第三章《见面和问候礼仪》**，来学习如何帮助你的孩子与成年人以及其他孩子见面和打招呼。

第四章《电话礼仪》着重于电话礼仪,从接收口信、留口信到学会如何有礼貌地接听电话,而第五章《派对礼仪》提供了有关邀请函、派对礼仪和撰写令人生畏但是必不可少的感谢信等方面的帮助。

想和你的孩子去旅行吗?或者只是去趟食品商店?翻到第六章《旅行礼仪》,来学习在公共场所以及旅行期间的礼仪。第七章《运动场礼仪》及时地解决了运动场上的礼仪问题。

在每一章的结尾,你都会发现一份按年龄组分段的指南,告诉你在本章所讨论的主题方面,你该对孩子抱有怎样的期望。请注意,这些指南是以普遍的成长标志为基础的,你的孩子可能成长偏快或者偏慢,因此能力会强于或者弱于指南所给的建议。

礼仪教学的黄金法则

无论你是一个学步娃的家长——想要抢先一步开发孩子的社交能力,还是家有青少年,希望加强那些他们有能力展示的社交技巧,教给孩子良好的礼仪需要大量的辛劳和不懈的努力。要牢记下述黄金法则:

1. 树立良好的行为榜样：你是孩子最重要的榜样，你的行为举止比你说的话更有说服力。所以如果你说话时嘴里塞满了食物，或者打断别人说话，你的孩子也会学样。利用这个机会，留意一下你自己的行为举止。

2. 为成功做好计划：事先做个小计划对于帮助孩子在社交场合表现出良好举止大有帮助。你会在书中发现许多构想，它们将有助于你为孩子创造机会，让他们有效地学习并使用良好的礼仪。

3. 期望要高，目标要切合实际：别忘记孩子每次只能专注于一两个新想法。当你教授或者巩固某种特定环境下的礼仪，比如餐桌礼仪或电话礼仪时，每一次只专注一到两项特定的技能。待孩子掌握了这些技能，再转向其他，在你已经传授的良好举止的基础上继续提高。

4. 要有耐心：良好的礼仪是经过长时间学习、练习之后养成的良好习惯。你的孩子不可能一次学完所有的单词，也不会一直记住这些单词。但是，通过鼓励和积极的强化以及大量的练习，孩子的良好礼仪最终会习惯成自然。

5. 要有幽默感：会发生意外，会溅洒食物，会在社交场合中出洋相。这是肯定的。保持微笑，要记住，磨炼社交技能需要长久的时间，偶尔的失误是不可避免的。眼下的尴尬时刻会成为将来的趣事。

　　你是孩子的私人礼仪教练，在人生的游戏中，
　　把《教出懂礼仪的孩子》当作你的战术手册。

运用本书中的思路，你可以为自己的孩子设定高标准，通过积极的支持、大量的鼓励，将礼仪学习变得妙趣横生，从而达到目标。在人生的游戏中，把自己当成他们的私人礼仪教练，把这本书当作你的战术手册。

你的教学方法

教给孩子良好的礼仪是一个漫长的过程，所以在未来的漫长岁月里，你最好养成习惯，始终要念叨"请使用你的叉子"或者"魔力词汇是什么呢"，但是请记住，你教育孩子的方法和你所教授的礼仪几乎同等重要。

一般来说，采取积极的方式来教授良好的礼仪比日常的喋喋不休效果要更好，而且，你越是以身作则，他们就越有可能去学习你想要他们学习的行为举止。

研究表明,那些为孩子制定了明确的规则和较高标准的父母(但是也很会灵活运用,会解释制定这些规则的理由,并且重视奖励甚于惩罚的父母),将会取得最大的成功。

什么是以身作则?

儿童心理学家、人类成长专家和儿科医生经常谈论以身作则对于孩子的重要性。但它到底是什么呢?以身作则是始终如一地展示你希望孩子效仿的行为。比如说,你想教你那十八个月大的孩子在你递给他东西的时候说谢谢。当他伸手去拿饼干时,你递给他,说声:"谢谢!"就用我们跟婴儿说话时的那种又尖又傻的口气。

如果你一直这样做,他最终会在你每次给他东西的时候,不由自主地说:"谢谢!"他不会格外心怀感激,以后才会,因为从成长角度来看思想晚于行为,但是你已经教会他对你的示范做出回应了。

Chapter 1

第一章

餐桌礼仪：
别在满嘴食物时说话

本章所涵盖的基本礼仪：

- 摆设餐桌，帮忙清理
- 坐在桌边，知道何时可以开始用餐
- 伸手取菜和传菜
- 使用餐具
- 餐间交谈
- 离席

每隔一段时间，你将会吃到一顿顺心如意的饭：孩子们对你彬彬有礼，彼此之间也是如此，他们坐在自己的座位上，没有溅洒或者乱扔食物，每个人都喜欢桌上的食物，大家交谈甚欢。这是你每天都想要的一顿饭，本章将帮助你一步一个脚印地达到这个目标。本章将讨论如何教会孩子基本的餐桌礼仪，包括布置餐桌和尝试新的食物。通过趣味盎然的练习，你和你的家人将会拥有越来越多这样的用餐时光，此时你会希望摄像机正在拍摄，或者你的母亲就在现场，亲自见证你干得多么出色。

基本原则

参与其中的感受会让人更加关心最终的结果。孩子和餐桌礼仪也是如此。你越是能将孩子纳入你备餐的过程——从选择食品到妥善布置餐桌，他们就越有可能希望这件事的方方面面，包括他们在餐桌上的行为举止，都是无可挑剔的。允许并且鼓励孩子参与烹饪的过程，而不是仅仅露个面，他们就更有可能关心最终的结果。

如何为成功做好计划

- 提前通知你的孩子，说你会叫他们过来吃饭（或者过来帮忙）。提前30分钟告知，  然后是提前5分钟告知，可以让他们做好放下游戏机或者完成作业的准备，给他们留下完成手头事情的时间。
- 让你的孩子参与餐食的计划和准备。
- 明确提出你所期望的行为要求，不过是以积极的态度。
- 抓住重点，每次挑选一两项技能进行专门训练：你不会希望吃饭时一直唠唠叨叨，没完没了。

- 耐心点！应用良好的餐桌礼仪真的很难。为成功欢呼。

可能完成的任务

大一点的孩子可以轮流干厨房杂活，可以这样安排，一个孩子今晚（或者这一周）摆设餐桌，另一个孩子清理餐桌。你可能会发现，制定一份书面时间表是最有效的，这可以避免"该你了，不，不是我"综合征。在安排时间表时，要确保让孩子们发表意见，当他们有发言权时，给他们派活儿心里就不会那么抵触。

准备就绪

四岁以上的儿童应该能够饭前自己洗手。教你最小的孩子用肥皂洗手。这是孩子能学会的一项最重要的健康习惯。看看他们的手都摸了些什么地方。不太可能会有人愿意分享他们碰过的任何食物。

提醒孩子，户外服装是在户外穿的，他们应该脱下外套、帽子，取下其他装备，包括电子游戏机、MP3和棒球手套，然后再过来吃饭。对任何年龄段的孩子来说，一个良好的、容易记住的规则是"两手空空地来吃饭"。

从发育的角度来看，男孩是野蛮的

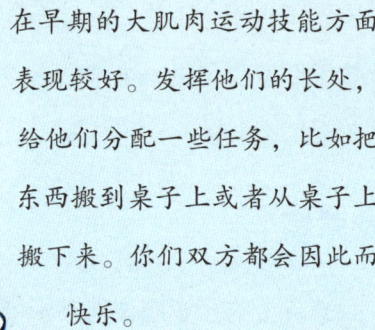

请记住，男孩在精细运动技能、书面语言和抽象思维方面的发育通常会迟大约一年半，但是他们在早期的大肌肉运动技能方面表现较好。发挥他们的长处，给他们分配一些任务，比如把东西搬到桌子上或者从桌子上搬下来。你们双方都会因此而快乐。

摆设餐桌

在美国，标准的餐桌摆设方式是把餐巾放在左边，叉子放在餐巾上面，刀和勺子放在右边，刀放在勺子内侧。饮料应当放在右边，刀和勺子的上方；面包盘放在左边，餐巾的上方（如下图）。这是标准的方式，但是可以灵活一些。有些家庭在某些特定的夜晚只使用他们需要的餐具——例如，如果上的菜是汤和三明治，摆设餐桌的人可以只摆上勺子和额外的餐巾。这种做法在有些家庭行之有效，但是显然存在

被滥用的可能性，如果你家孩子不在餐桌上摆餐具，并且提出：在许多国家，意大利面是用手指头拿着吃的，别买他的账！另一方面，如果你的孩子喜欢细节更加讲究的餐桌布置，则餐具应当由外至内依次使用，所以甜点叉应该摆在比正餐叉更靠近盘子的地方。

适当的时候表达谢意

当你招呼每个人过来吃饭时，你可能会希望孩子们等所有人都到齐后再入座。家中用餐是否有必要这样做取决于你自己的感受，但是这样可以养成一个好习惯，在餐厅以及去别人家做客时用得上。这显示了对主人的极大尊重。许多美国家庭会在就座前做一种祝福或者感恩的祷告，为了餐食向厨师致谢是一种美好的举动，会让厨师心情大好。它还能让孩子们意识到并且感激人们为了准备这顿饭所付出的努力，这种努力通常被认为是理所当然的。

只用说:"真好吃",然后深呼吸

如今,对许多孩子(和家庭)来说,生活节奏快得要命,很容易会匆匆忙忙地做完每件事,包括吃饭。这件事看起来很奇怪,用餐时间可以让你的孩子们放松,甚至可以使他们恢复元气,无论他们的年纪多大。试着引入一种"用餐心态",在这种心态下,包括你在内的每个人都不会认为用餐时间仅仅是一次短暂的停车加油。慢下来,放轻松,在餐桌上享受彼此的陪伴。哈佛大学教育研究生院在1996年进行的一项研究得出结论,与玩耍、上学或讲故事的时间相比,家庭聚餐更有利于孩子的成长,所以要充分利用你们在一起吃饭的时间。尽量避免或者消除外界的干扰,这样你们大家就可以专注于彼此。虽然你可能很想利用这段大家在一起的时间来发发牢骚,如果做得到,避免这样做。抱怨和谈纪律可以晚点再讨论,电话可以吃完饭后再回,电视节目会重播,你大有可能发现你和家人在餐桌上再次紧密相连。

调适心情

每个人都入座后,大家应该拿起餐巾铺在腿上(而不是像围巾一样裹在头上或者像魔术师一样拿在手上)。餐桌上不应该有玩具、书籍或其他让人分心的东西,电视也应该关掉。你会发现,如果别的房间没有什么东西吸引就餐者的注意力,他们会更容易集中精力吃饭,享受彼此的陪伴。如果你们家喜欢"气氛音乐",你可以为餐桌摆设者提供一份额外福利,他们可以选择一些合适的晚餐音乐,当然,要得到你的同意。你可能不会觉得巴尼的《跟着唱》或者《科恩》是最有利于消化的音乐,但话又说回来,你也可能会如此认为。

虽然看起来很挑剔,但是还要鼓励孩子身体坐直,把椅子推进去,肘部不要放在桌子上,把吃饭时不用的那只手放在腿上。对有些孩子来说,这听起来就像同时拍脑袋和揉肚子一样困难,但每次至少要尝试其中一项技能。这将有助于阻止孩子在座位上东倒西歪，或者直接趴在桌子上；让他们把手放在腿上，而不是轻敲桌面或心不在焉地触摸周围的每样东西，将有助于避免食物溅洒，免得你们双方都紧张兮兮。

上菜和传菜

在每个人都上好菜，女主人或男主人（或者首席助手——一项巨大的福利）拿起他或者她的叉子之前，任何人都不应该开始吃东西。如果你们是一大群人，食物在开席之前就会变凉，因此你可以为特定的这一餐放弃这条规定，但是你应该说清楚你的要求。一般来说，在开始用餐前，让孩子们等两分钟，等候大家就座，上好菜，并不是没有道理的。如果你有非常小的孩子，他们等不及了，那就在你或你的助手继续上菜时，给他们一些像饼干或胡萝卜之类的东西，让他们先啃一下。通过这种方式，他们仍然会得到这样的信号：必须等到所有人都准备就绪才可以开始用餐。

制定一些规则很重要，这

样传菜就不会沦为抢球。一项良好的基本规定是，如果有人要求传递某样食物，包括像番茄酱这样的调味品，提出请求的人应该先得到它，这意味着当它在餐桌上经过时，不应该中途停留在其他人的盘子上。谁也不希望它在到达目的地之前就消失了，或者待它花了很长时间到达目的地时，已经不再需要了——这两种情况都会引发严重的餐桌争吵。

教育孩子什么时候可以伸手去拿东西，什么时候应该要求别人帮你传递，这也很重要。如果他们想要的东西不在盘子的正前方，不起身没法够到时，他们应该要求别人递一下。像游侠一样扑到桌子上去拿任何东西都是绝对不行的。

家庭式风格与餐厅式上菜

大多数家庭会选择两种用餐方式中的一种：家庭式或者餐厅式。家庭式的饭菜是摆放在餐桌上的：所有的食物都放在盘子里，端到餐桌上，每个人要么自取，要么由指定的人来分菜。然而采用餐厅式

> 美味的晚餐

上菜时，食物在厨房里分别装到各人的盘子里，然后端上餐桌。这两种方法都有明确的优点：家庭式上菜意味着厨师（很可能是你）不必在整个用餐过程中在餐桌和厨房之间奔来跑去，而餐厅式上菜会让餐桌整洁许多，父母可以控制食物的分量和种类，而且（通常）也会减少食物溅洒。你可能会发现两种风格混合的效果最好：第一轮你把食物分别装盘，然后再把多余的食物摆放在桌子上。

吃完再要

就餐时，大家应该等到每个人都分到了第一份菜，才能再要第二份，你可以制定一项规矩，要得到第二份，孩子必须在开口之前吃完其他所有食物,包括蔬菜。这可以让你或者其他上菜者至少能在上下一轮菜之前吃点东西,这样你也没必要给哪个孩子施行海姆利克氏急救,不然他会尽快吞下一份大家都喜欢的食物,从而确保在食物吃光之前还能要到第二份。

你要的是一顿从容的晚餐,而不是一场比赛。取走盘中最后一点食物的那个人在动手前先说:"介意我把剩下的薯条都拿走吗?"这也是个不错的主意。这样有助于避免其他家庭成员过后表达强烈的(可能是大声的)失望——他们可能会坚持说自己没有注意到这一道菜快吃完了,让你有机会来更公平地分配余下的美食。

如果有些菜你知道你的孩子喜欢吃,**提醒他们食物不会被拿走,这不是比赛,看他们谁吃得快,吃得多**。鼓励他们用叉子或者勺子去取少量到中等分量的食物,而不是一大坨食物;应该把它送到嘴里,而不是把嘴凑到叉子上去。如果他们不能轻松地把叉子或者勺子上的食物放进嘴里,则需要把它们切成小块或者放一些回去。

使用餐具

吃饭时，大一点的孩子应该用他们的餐具而不是用手来吃东西，除非你上的是手抓食物，而且应该由你来决定什么是手抓食物。三岁及以下的孩子如果不用手来帮忙，可能没法用餐具拿住各种食物。要注意他们正在付出努力，当你看到时，要助其一臂之力。因为学会使用一种器具真的很难。还记得你第一次试着用筷子是什么感觉吗？对你的学龄前儿童来说，情况一直都是这样的。

当最小的孩子因为仍在努力学习精细运动技能，可以像穴居人一样拿着勺子或者叉子而不必受到指责时，请记住，如果你的孩子能正确地手握蜡笔或者铅笔，你就可以要求他们正确地手握叉子或者勺子了。

切割食物的标准做法是右手持刀，左手持叉，将刀刃沿着叉齿的背面进行切割，再将叉子换回到右手，然后吃上一口。欧式风格是用同样的方式切割食物，但要始终用左手叉着吃。任意一种方法都可以，关键是要教你的孩子，他们应当实实在在地用餐具来吃饭（不是作为武器），而不是假装他们此前从未见过这种东西。

保持乐观

教孩子礼仪对你和他们来说都是令人沮丧的,而且毫无疑问,有些时候你们双方都不能从这门课中获得乐趣。记住,你要尽量保持正面的评价,这样你就可以把大部分时间用来教孩子做你想要他们做的事情,而不是用来责备他们做错了什么。别说:"不要再用手吃东西了!"你可以说:"请记得用你的叉子。"当你确实看到他们表现出良好的礼仪时,一定要给予评价,并以积极的方式加以强调。你越是热情地赞扬他们的好习惯,他们就越有可能保持下去。

鼓励他们练习一次切一片肉或者别的他们正在切的食物,没有必要一口气把盘子里的食物都切碎。不要指望五六岁以下的孩子能熟练用刀,许多孩子要到十岁或者更大的时候才会熟练用刀。所以要耐心一点,灵活一点。你可能希望别在有些孩子的位置上摆餐刀：许多桌面"剑战"可以通过这种方式来避免。

在餐桌上聊天

一起吃饭的好处是，这是家庭聊天的重要时间。困难也是有的，尤其是对小孩子来说，即使嘴里塞满了食物，他们也等不及，要抢着说话。出于某种原因，孩子们发现别人满嘴食物说话是件特别好玩的事。成年人则不这么认为。有时候，孩子们一边咀嚼一边说话，是担心没有机会和你说他们一天的经历。为了避免这种情况，你可以告诉孩子，你想要听他们一天中发生的至少一件事，并让他们轮流讲，一个人讲述他或者她的故事时，其他人可以边吃边听。

对孩子们来说，在餐桌上轮流发言也是一个让他们有机会得到关注的好方法，即使对那些未必擅长言谈，或者得与兄弟姐妹抢话的人来说也是如此。知道他们将有机会不受打扰地说话，通常有助于孩子们集中思想，你可能还会了解到他们一天中发生的事情或者他们的想法，这些内容别无其他机会可以听到。

年纪较小的孩子尤其盼望轮到自己说话，但是到了该说话的时候，他们往往就会愣住了。你可以要求他们从简单而具体的谈话开始，比如，"亲爱的，告诉我一件今天你遇到的好事（或者伤心事、烦心事、趣事、蠢事等等）"。不要觉得你必须在餐桌上避免有挑战性的、悲伤的或者真正有趣的话题，此时各种各样的话题都会出现，还会出现内容丰富而有意义的讨论，从而给你和孩子们带来寓教于乐的时光。

当愉快的聊天变得糟糕时

也就是说，你需要为聊天设定界限，尤其是那些涉及有趣事件的聊天，这些事件在讲述和复述的过程中会变得越来越有趣。谈论愚蠢的事情既重要又具有挑战性，你必须让你的孩子发现餐桌上的趣事和失控的蠢事之间的细微差别。这包括不能被归类为实际话语的其他声响，如打嗝、放屁或者其他声音。如果聊天转到不可接受的方向，你要说清楚自己的要求以及达不到要求的后果，如果孩子不遵守你的规定，就要加以控制。

记住，如果有任何迹象表明一个话题是可笑的，但大多数孩子都没有发育到能够忍住不笑的年纪，所以要亲自示范你希望他们模仿的行为。如果有人不小心在餐桌上打嗝或放屁，一句轻声的"对不起"就足够了，其他人不应该对此发表评论。如果有人这样做了，通常是一阵狂笑，加以大肆渲染，这时你就可以向那个做出不恰当反应的人解释，引起大家注意这种事也算是厕所谈话，**而厕所谈话只适合于厕所中。去厕所的建议通常会使笑声停止**。

用餐完毕

通常会有人吃得很快，吃完后就想离开餐桌。等所有人都吃完再离开餐桌是有礼貌的做法，尽管对于四岁以下的孩子来说，这可能是不合理的。然而，就算是小孩子离开餐桌，也应该提出请求，你可以要求他们把盘子放到水槽里去。

餐后清理

你也可以要求孩子们在餐后帮忙清理。给他们分配适合他们年龄的具体任务。大一点的孩子可以收拾碗碟，帮忙洗碗，而小一点的孩子可以把不易碎的调味品放回去，收起餐巾，或者推回椅子。你越早让你的孩子参与餐前准备和餐后清理，这种习惯就会越根深蒂固。一开始要多花点时间，但结果是值得的。你要对他们的帮助表示感谢,以此机会,来示范良好的礼仪,也让他们知道你赞赏他们的努力。

尝试新的食物

虽然你的孩子也许更喜欢每天晚上都吃同样的东西,但你可能不想在未来的十年或者十五年里困在比萨或者鸡块的地狱里。当你给孩子提供全新的或者未吃过的食物时,要明确你对他们的期望:有些父母只要求他们尝一下新食物,有些家长则坚持孩子吃掉分给他们的东西。你得向家人提出你的要求。

不管你的孩子是否喜欢你准备的食物,你都可以而且应该对他们的作呕声、大声抱怨或者对正在吃的食物说三道四采取强硬的态度。这绝对属于"如果你没有什么好话要说,那就什么也别说"的范畴。

你的孩子要是去餐厅或者朋友家吃饭的话,这也是一个很好的练习。知礼仪行天下。

"试吃分量"的食物

让孩子品尝新食物,或者,当他们任性地判定不爱吃之后,坚持要他们尝一下的一个好办法是做成试吃的分量。试吃分量是用来尝尝味道,大到就只够一口吃,小到即使是最挑剔的孩子也能吃完。这通常有助于父母子女之间避免与食物相关的冲突,这些冲突对谁都没有好处。归根结底,如果你明知道孩子对某件事非常反感,为什么要让自己去做注定会失败的事情呢?如果你知道家里除了你以外的所有人都讨厌肝脏,上这道菜会在餐桌上引发"肝脏大战",那么就别做傻事,下次外出吃饭的时候,为自己单点一份。

良好的餐桌礼仪的强化训练方法

我发现良好礼仪啦

年龄范围:三至六岁

这是一个很好的方法,可以让每个人都参与礼仪练习并且关注他们身边的良好礼仪。每当你或者餐桌上的其他人注意到别人表现出良好礼仪时,就要说:"我发现良好礼仪啦。萨莎用了叉子,没用手指。"展现良好礼仪的人和注意到良好礼仪的人都得一分。当一个人得到十分时,就会得到一个小奖励,比如优先选择下一个话题。

与女王一起饮茶

年龄范围:三至六岁

当你的孩子坐下来吃饭时,宣布他们正在为一次与女王一起饮茶的机会参加面试,那些拥有最佳餐桌礼仪的孩子将受到邀请。最好只让他们关注一两个重点,比如正确使用餐具。幼小的孩子会互相观察,看是否有人犯错,从中获得极大的乐趣。他们还非常努力，想要"获得邀请"。作为对于他们努力的回报，用真正的茶杯和茶碟来安排一个快速茶话会。

发生某种情况时，你会怎么说

年龄范围：三岁及以上

这是一个很有趣的方法，可以帮助你的孩子领会良好礼仪，解决餐桌上发生的问题。你可以依次向孩子们展示一些他们必须应对的可怕的用餐场景。例如，你可以说："比利在他的朋友家吃晚饭。他坐下来吃饭，端上来的是一大块松鼠脑花。他该怎么办？"这款游戏可能会引发许多蠢话，所以你必须密切关注，以免失控。

手抓食物之夜

年龄范围：三岁及以上

在孩子们的帮助和计划下，做一顿完全由"手抓食物"组成的晚餐。这并不是说每个人只能用手进餐（有些父母也许会想，那和普通晚餐有何不同），而是允许每个孩子选择一种或者两种得到认可的手抓食物。让他们帮你准备饭菜，弄清楚如何摆设餐桌，你们需要些什么调料或者其他用具。他们会喜欢有机会做这样一顿特别的饭，而你会让他们参与整个备餐过程。

 ### 瑞典式自助餐

年龄范围：三岁及以上

这是另一种让你的孩子准备饭菜的方法。大一点的孩子可能会明白这是乔装打扮的剩菜之夜，而你那年幼的孩子则会觉得这很棒，你加以美化则更棒。把你想消灭的剩饭剩菜都拿出来，再加上一些小份的特殊食物作为补充，由每个孩子自行选取。可以很简单，比如把一片比萨切成一口吃的小块，果冻、剩余的酱瓜，以及任何一种容易端上桌的菜，都行。把所有的食物都摆放在餐桌上，就像自助餐一样，让孩子们自行选取想吃的食物。你可以借此清空你家的冰箱，而孩子们会认为这是一次特别的款待。

 ### 轮流发言

年龄范围：三岁及以上

这是一个很好的方法，来让孩子轮流谈论他们当天的经

历，所用的方式不仅彬彬有礼，同时让他们成为做决定的一分子。你可以这样开场："我要告诉你们，今天我最喜欢的事情是什么。"说完之后，你挑一个人，说："现在，理查德，你来告诉我们今天你最喜欢的事情是什么，然后挑下一个人。"那个孩子讲完后会再选一个，以此类推，直到餐桌上的每个人都至少轮了一次。令人惊讶的是，当他们开始选择下一位的时候，孩子们会如此有礼貌地耐心等候。

摆设餐桌比赛

年龄范围：五岁及以上

这是两个团队之间有趣的竞争，会让餐桌摆设完成得比你想象的更快。让孩子们分成两组，站在桌子两边。你一声令下，他们必须"恰当"地摆放好半张餐桌的餐具。动作最快，摆得最整齐的那组赢得比赛。

与爸爸妈妈的梦幻约会

年龄范围：五岁及以上

对很多孩子来说，尤其是那些有不止一个兄弟姐妹的孩子，离开众人与父母单独相处是一件很新奇的事情。午餐或者晚餐约会是你们共享的"黄金时光"，也是在你和餐厅员工面前练习良好礼仪的绝佳机会。让孩子为你们俩点餐，并帮忙计算账单和小费（如果合适的话）。你也可以用这个活动作为对家中最佳餐桌礼仪的奖励。

额外的特别夜晚

各个年龄段

时不时地找个理由，为家人安排一个特别夜晚。用你最好的瓷器、蜡烛、针织台布来布置餐桌。如果你家里有餐厅，请在餐厅用餐。这是动员每个人参与决定菜品，摆设餐桌，端菜上桌的很好机会。生日显然是举行特别晚宴的一个理由，但庆祝任何一项成功、成就或者里程碑事件都是让孩子觉得自己很棒的好方法。正式的环境、额外的特别准备会鼓励孩子们表现出最好的行为，运用最佳的礼仪——不要忘记在餐前清楚表达你的高要求。这将是他们下次去祖母家过感恩节之前的绝好练习。

问与答

问: 我有一个八岁的孩子,他老是忘记运用良好的餐桌礼仪,或者,他会运用一些礼仪,忘记其他的。例如,他会闭着嘴咀嚼,不会中断,但他接下来会用手指从盘子里拿食物。我怎样才能让他记住要始终保持良好礼仪呢?

答: 帮助孩子始终保持良好礼仪的最佳方法是采用正强化方式。他表现得当时赞扬他的礼仪,他的行为不正确时以积极的方式予以提醒。例如,如果他正在用手指从盘子里拿食物,你可以说:"你能闭着嘴巴咀嚼,做得真好。请记得用你的叉子哦。"不要忘记,对于一个八岁的孩子来说,坐在餐桌旁有很多让他分心的事情,一个晚上专注于一到两项技能要比一直提醒他改正许多行为更加有效。

问: 我的孩子们非常讨厌尝试新食物,上朋友家吃饭几乎是件不可能的事,端上来的菜他们连尝一口都不愿意。我怎样做才能让他们乐于在晚餐时尝试新食物呢?

答: 让孩子们对新事物感到兴奋的最好方法是让他们在这个过

程中扮演一个角色。找一些美食杂志或者烹饪书，让你的孩子帮你一起策划一顿饭菜，规定这顿饭一定要和平常有所不同。也许他们一直想试一下用筷子，或者一直盼望能用祖母的漂亮瓷器吃一顿饭。在计划中加入一些好玩的、令人兴奋的元素，他们就会对整餐饭花费心思、产生兴趣，从计划到做饭再到吃饭。你可能会对结果感到惊讶。一旦他们成功地尝试了几次新的食物，他们可能会更乐于接受新尝试，哪怕是在意想不到的情况下。

问： 我喜欢我们晚餐时的谈话，但是有时候笑声和玩笑会变得太有破坏性。有关餐桌上的玩笑尺度，有什么好的建议？

答： 用餐时间是家庭交流的宝贵时间，但与大多数良好的群组交流一样，家庭讨论通常需要某种主持人。这很可能是你的角色，作为主持人，你将有机会示范你希望孩子表现的行为方式。当你问他们一个问题，改变话题或者改变谈话对象时，明确说出你的期望："大卫，你能不能用室内交谈的声音来告诉我，你今天有什么有趣的事？"

这也能让你采取积极主动而非被动的方式将谈话维持在这样一个位置：鼓励讨论而不造成混乱，免得你大喊：

"别笑了！你们开心得过头了！"

问： 我觉得孩子们应该学习的餐桌礼仪牵涉太多的规矩，他们，还有我，永远没办法将它们全部弄明白。哪些是真正重要的，哪些可以以后再说？

答： 这本书的目的是概述大多数被人们所认可的标准——"良好"礼仪，而不是指出为了让社会接受，你必须所做的每件事。你需要决定怎样的礼仪对你和你的家庭是重要的，并帮助孩子学习这些礼仪，达到让你感到舒心的水平。你得决定怎样做会让用餐时间成为大家的快乐时光，并且练习那些能帮助你达到此目标的礼仪。不要试图在一天，甚至一年的时间里征服罗马。良好的餐桌礼仪是慢慢学会的。这是一个过程。

期望清单

期望清单根据不同的年龄段分组，可以用作你是否可以期望你的孩子在餐桌礼仪方面达到某个目标的快速参考。你要有较高的、但是并非不合理的期望目标，否则成功肯定会离你而去。请注意，这一部分基于非常普遍的成长阶段，为孩子们提供了大致的指导方针。你的孩子的成长进度可能有快有慢，因此他们的能力和下文相比也可能有强有弱。

还要注意的是，当孩子们接近相应年龄范围的上限时，他们更可能熟练掌握下文所列的技能。

从学步至二十四个月，你可以期望孩子做以下事情：

- 他想要像其他家庭成员一样吃东西，而且会尝试用餐具，为了安全起见，给他一个勺子。
- 他会吃得一团糟。
- 他会扔下食物和餐具，来看看到底会发生什么事。
- 他会满嘴塞满食物，嘟嘟囔囔地说话。
- 当他接近两岁时，他说"不吃"的次数会增加，还会对食物挑三拣四。你可以通过提供一个选择机会来帮助他巩固个人自主权，同时保留自己的控制权："你要吃豌豆还是胡萝卜？"
- 他无法一整顿饭都保持坐姿。

- 他会观察你和其他人，从观察中学习你们的餐桌习惯。

三岁至五岁，你可以期望孩子做以下事情：

- 他将能够更熟练地使用叉子和勺子，但是仍然会溅洒食物。
- 他还是会在满嘴食物时说话，需要经常的提醒。
- 他的注意力持续时间很短，但他会注意并评论其他人是如何交流的。
- 他甚至可能会告诉你别人正在违反规定（五岁以上），而没有意识到他自己也违规了。
- 他可以帮忙摆设餐桌，但需要多次提醒——这是一个从简单的小事做起的恰当年龄。
- 他会在餐桌上打嗝，发出古怪的声音，需要有人提醒他说"请原谅"。当他说"请原谅"时，也不会是诚心的。
- 如果对谈话感兴趣，他可能会插嘴。
- 在这个年纪，他可能可以上家庭餐厅了。

六岁至七岁,你可以期望孩子做以下事情:

- 他会有更强的动作控制能力,应该能够在进餐时使用餐刀,但仍然难以同时驾驭刀和叉子。
- 他经常会闭着嘴咀嚼,但仍然需要提醒,尤其是在兴奋的时候,比如在聚会上或者成群结队时。
- 他会非常"循规蹈矩",能够在餐桌上说出你的要求。"规定是什么?嘴里有东西时不要说话,餐巾放在腿上。"
- 他能根据少量提示帮忙摆设餐桌。例如,可以把银餐具拿到餐桌上,放在盘子周围。
- 他会打嗝,发出奇怪的声音,但也会自动说"请原谅",提醒的次数减少一些。
- 他偶尔会插嘴,但是转移他的注意力会比以前更加容易。
- 在这个年纪,他已经可以上家庭餐厅了。

八岁至十岁,你可以期望孩子做以下事情:

- 他摆设餐桌的技巧会有所提高。

- 他会对自己扮演的角色有更大的兴趣："我摆设餐桌，你收拾餐桌。"
- 他通常会闭着嘴咀嚼，嘴里塞满食物时不会说话。
- 他的手眼协调能力更加优雅，所以餐具用得更好。
- 他在外出就餐时，可能不会觉得那么无聊，动来动去的需求比以前降低，在这个年纪，可以上高级餐厅了。

十一岁以上，你可以期望孩子做以下事情：

- 他将有能力实现第一章中提到的所有期望，但可能需要时不时地提醒，特别是在过度兴奋的情况下，或者处于新环境中。

Chapter 2

第二章

交际与语言礼仪：

你刚刚说了什么？

本章所涵盖的基本礼仪:

- 说"请"和"谢谢"
- 学会道歉和接受道歉
- 使用恰当的语气
- 了解哪些话题适合公共场合的对话
- 插话
- 谈论不同之处
- 给予和接受赞美

这件事可能会发生在你的身上。你和家人在一家餐厅里。每个人都表现得很完美，食物很美味，交谈很活跃。过道对面餐桌旁的一个胖女人和她的丈夫在逗你家三岁的孩子玩，每个人都很开心。当这对夫妇起身离开时，那个女人在你的桌旁停了下来，弯下腰对你家小孩说："你好！"你的小孩看着她，兴高采烈地说："你真胖！"

你巴不得地板能马上裂开，把你、你的幼童和其他家人一口给吞下去。但事实上没有。与之相反，那个女人恶狠狠地瞪了你一眼，说了声："好孩子。"然后走开了，显然被惹恼了。你坐在那儿羞愧难当，小孩一脸困惑，有一团明显的愁云笼罩着余下的用餐时间。

基本原则

本章将帮助你避免上述情景，或者在无法避免的情况下予以处理。它涵盖的话题从学习如何优雅地给予赞美、接受赞美，到如何不失尊重地谈论他人的不同。虽然你大有可能再次体验到那种绝望的"马上把我吞下去吧"的感受，通过细心的指导加上足够的耐心，这种情况会很罕见。

请注意

本章讨论抚养孩子的一些重要问题，包括性、金钱以及关于包容的教育。然而，讨论是严格地从礼仪的角度进行的：学习说什么得体的，什么时候说是得体的。请注意，本章并不会帮你找到教育孩子性知识的方法，不能提供实现财务自由的五个步骤，也不能告诉你，你的孩子为什么有些与众不同，但是它确实能够帮助你教导他们别在邻居家的餐桌上分享自己的新发现。

如何为成功做好计划

- 坚持让你的孩子使用"魔力词汇","请"和"谢谢",来得到自己想要的东西。
- 你自己也要使用"魔力词汇",你要示范你希望孩子们使用的语言。
- 对于道歉要很慷慨,无论是给予还是接受。在这方面,你的好榜样会起到重要的作用。

魔力词汇

显然,你的孩子使用语言是否得当取决于具体情况。你那十三岁的孩子不会用和她祖母说话的方式同她的闺密说话,一般来说,你的孩子年龄越大,他们就越善于评估听众,并相应地调整自己的语言。

然而,有些关键词和短语不论年龄和场合,在任何时候都是重要的、恰当的。至关重要的是要让你的孩子知道许多父母所说的"魔力词汇":"请""谢谢""不客气"。当孩子想要什么东西的时候,应该说"请";当他们的请求得到应允时,应该说"谢谢";当他们满足了别人的要求,得到感谢时,应该说"不客气"。

这件事永远不嫌早:教育你的孩子,他们想要得到什么东西,就要使用那些魔力词汇。每当你的孩子提出要求,无论这个要求多么微不足道,你都要强调这一点,你将会发现他们已经形成习惯。你可能觉得自己老在对孩子唠叨,你也可能确实唠叨,但是坚持让他们使用这些词是很重要的,他们越早养成习惯越好。简单的良好礼仪让人受益匪浅,尤其是当你的孩子身处他人家中或者其他社交场合时。

请原谅

你的孩子想从 A 处到达 B 处,途中遇到障碍时,他们应该使用某种形式的"请原谅",而不是试图强行通过,仿佛这是一场大比赛,需要触地得分。当你经过别人的"私人空间"时,对他们说"请原谅"才是恰当的,无论你是快速擦身而过,从中间穿过,还是走到他们的前方,在他们面前打嗝或放屁,碰触他们身体或者撞到他们,要和对方说"请原谅"。对小孩子来说，识别个人空间是很难的，在他们看来，每个空间都是自己的个人空间。帮助你的孩子意识到其他人的存在，懂得在什么情况下他们与这些人是有关的，这样当他们进入了别人的私人空间时就会知道该怎样做才合适。大多数人都非常愿意在得到告知时暂时分享自己的空间，你的孩子也会发现与人商量更好行事。

学会道歉

对孩子们来说，几乎没有什么事比道歉更困难了——无论是道歉，还是优雅地接受道歉。然而，这样做很重要。无论是事关谁吃了最后一个馅饼的误会，还是一个朋友碰落了你儿子刚搭的乐高轮船，一句道歉和接受道歉就能结束这件事，并且把它一笔勾销，不管这件事是无心的还是蓄意的。

正确的道歉所求无多：无论孩子是否深感遗憾，他应该看着对方的眼睛，说一句简单的"对不起"，语气多少要有点诚意；如果语气本身就会引发第二轮吵架，那么道歉就没有意义了。

优雅地接受道歉和道歉同等重要。接受道歉的孩子应该做一些口头上的回应来表示收到道歉，比如说"没关系"或者"接受道歉"。即使受委屈方不太愿意原谅,他也应该接受对方所表达的歉意,要记住下次他就可能是道歉的一方。他不该做的是纠缠不休,让孩子知道,一旦接受道歉,事情就结束了。**当一个朋友向另一个朋友道歉时,另一个说:"没关系,但你要知道,这真是你的错。"这是不恰当的,肯定无助于这样一种敏感的局面。**做好准备,一遍又一遍、一遍又一遍地做此类练习……

因为很难消除受伤的感觉,你可能希望实施"两分钟暂停"的规则,类似于曲棍球受罚席,受委屈的一方在继续玩耍之前先去中立的角落冷静一下。

说话的语气

教育你的孩子在说话时要有良好的礼仪,不仅仅是他们说了些什么,而且还包括他们如何说话。任何父母,只要家里有青春期前的孩子用山谷女孩[1]引以为傲的语气对他们说过"随便啦",就能理解这个问题。

---

[1] 山谷女孩(Valley girl,或简称 Val)起源于 20 世纪 70 年代起对美国洛杉矶圣费尔南多谷地区富裕中产阶级年轻女性的别称。该群体中存在一种特别的美式英语方言——Valspeak,即用简单的单字以强调句子的语气。——译者注

对于年纪较小的孩子，这通常是一个音量控制问题。**尤其是小孩子，他们似乎只有两种音量：大声和无声。**让你最年幼的孩子明白，不同的情况下哪种说话语气是合适的，一个好方法是让他理解室内和室外声音的区别，并以此来称呼不同的声音。把你的孩子带到室外，让他尽可能大声嚷嚷（或者以你和邻居们能够忍受为限），向他解释这就是室外的声音。然后带他进屋，模仿适合你家里的语气和音量。让他在相应的环境中练习室内和室外的声音，当需要提醒时，继续称它们为"室内"和"室外"的声音（请参阅后文，了解更多加深"室内"和"室外"声音理念的方法）。**大一点的孩子也经常需要提醒，告诉他"请用室内声音"要比大喊"安静！"效果好得多。**

对于大一点的孩子，音量倒不是个问题，问题在于他们说话的语气。通常，孩子们在闷闷不乐、心情烦躁，做他们不想做的事情时，或者只是行使他们惹你生气的权利时，这就成了一个问题。你得决定哪种语气是可以接受的，哪种是不可以接受的，违反者应该承担怎样的后果。成年人和孩子之间的对话应该建立在双方已经建立的信任和尊重的基础上，但是重要的是要记住，这不是一个平等的层面——作为父母，你必须确保尊重的天平向你这边倾斜。学会彬彬有礼地对成年人说话的孩子，才是讨成年人喜欢的。你的孩子需要知道，他们和成年人说话的语气，无论他们的心情或所处环境如何，都会反过来影响成年人对待他们的方式（参阅后文）。这是一种有趣的方式，向孩子们展示他们的语气是如何影响他人的。

厕所谈话留在厕所

厕所谈话通常是幼童的问题。出于某些原因，厕所谈话是小男孩最喜欢的话题——他们可以花上几个小时讨论自己的身体功能，歇斯底里地笑个不停。这

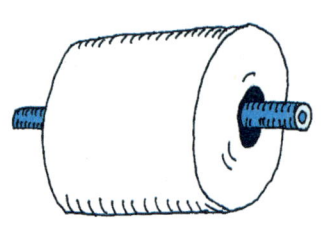

件事会传染，所以要小心，即使是表现最完美的孩子，只要与厕所谈话者为伍也会同流合污，你越是反对，这些谈话就越有趣。

孩子们对他们的身体如何运作感到好奇，需要讨论，这样做是自然而健康的，但是要在厕所里。允许你的孩子在厕所里提问题，犯傻，聊厕所话题，你可能就会发现他们不会

在餐桌上或者其他不合适的地方提起这件事了。如果他们提了，提醒他们，"厕所谈话只能留在厕所"，邀请他们去那儿讨论通常就足够了。

谈论金钱

当两个孩子在公共场合讨论父母的净资产时，他们通常会用失望的语气，没有什么事情比偷听他们的谈话更好玩了。一些成年人愿意和孩子，或者当着孩子的面，谈论自己的个人财务状况，但很多人却不愿意。过多地谈论金钱以及物品的价值被视为没有礼貌的举动。这也包括讨论礼物的价格，询问人们是否富有以及他们是如何变得富有的，还有询问父母的朋友赚了多少钱，这通常还是当着父母的面。

教给孩子金钱的价值和教给他们根据物品的单价来考虑它们的价值不是一回事。前者显然是非常重要而必要的。"五分硬币比一角硬币大，所以五分硬币更值钱"，这样的把戏很快就会被孩子们识破了。

向孩子解释，老是谈金钱会让许多人感到不舒服，让别人有这种感觉是不礼貌的。让他们知道，大多数成年人认为自己的财务状况是私人的、秘密的，他们不喜欢听到与之有

关的评论或问题。此外,大多数孩子对他们家的经济状况也没有准确的概念,因此老是出差错。你的孩子肯定会问你有关别人的钱和你自己的钱的问题,你得决定要给他们提供多少信息。向孩子们强调礼物的价值在于送礼者的心意,这永远是个好主意。告诉他们,人们都喜欢别人恭维他们的房子或者其他好东西,但是有关它们值多少钱或者人们怎么买得起的讨论,最好留给你们更加私密的谈话。

谈论性

性是另一个会让很多成年人头疼的话题,如果孩子们开始谈论的话。**通常孩子们在进小学时就开始对谈论性产生兴趣:** 他们恰好够大,可以听到或者看到和性有关的事,同时恰好够小,不会为此感到尴尬。一般来说,孩子们关于性的聊天包含大量的错误信息，通常来源于另一个孩子，后者知道很多你不希望他知道的各种事情。

如何与孩子谈论性显然取决于你自己。然而，作为一种礼仪问题，当这个话题真的出现时，你可以向孩子解释，性是私密的。你们谈论性也是他与你之间的私人谈话，而不能在拼车时，或者在吉米家吃饭时，把性当作一个新奇而有趣的话题来聊。

赞美他人

学会赞美主要涉及别人在场时，说出你对他们的好感，让他们听见。鼓励孩子们用语言表达自己对他人的好感，特别是当你心怀感激的时候，说一些简单的赞美话，比如"这顿晚餐棒极了"或者"你看上去真棒"。这会给辛苦劳作或者付出努力的人带来完全不一样的感受。赞美别人的一条准则是，它们应该是真诚的。虚情假意的恭维常常不仅瞒不了当事人，也会令别人对此人在其他场合所表达的真心赞美产生怀疑。你也可以让你的孩子知道，无论你多么渴望得到夸奖，但"妈妈，你看起来没那么老"并不是一种真正的恭维。

只是说声谢谢

对许多人来说，接受赞美比给予赞美更加困难。赞美会让人注意到某人做过或者说过的某件事，当孩子们越来越意识到自己在这个世界上的位置时，想到别人会注意他们的行为，可能会让他们既兴奋又不安。当孩子们，尤其是女孩子，随着年龄的增长，自我意识增强时，她们会把赞美从自己身上引开，解释自己的行为有什么欠缺，或者她们为什么长得不可爱。教导你的孩子们，尤其是你的女儿们，赞美是一种礼物，应该把它当作礼物来接受。**对于赞美这份礼物，最好、最有礼貌的回应就是一句简单的"谢谢"。**

插嘴

心中有个好念头时，等候发言很难受；别人打断你的话时，不发脾气更难做到。插嘴是孩子们争吵的最主要原因之一，难怪当你有重要的事情要说时，话被打断或者声音被盖过，心中也是恼火万分。作为家长以及家中所有不公之事的主裁判，你必须让你的孩子们轮流发言，不被打断。制定一个"每次一人"的原则是个好主意，每一次让一个孩子在不中断的限定时间内发言，然后，在下一位孩子"上台"之前，回答其他家庭成员关于这个话题的提问。另一种选择是对谁先发言进行宽松的轮换，这样，等待的孩子们就知道下次就轮到他们先发言了。这可能在其他等候的孩子们急着插嘴，讲述自己的观点或者故事的时候，帮助你避免尴尬——聚光灯下的孩子也许会哭诉"我还没说完我的梦呢"。教育你的孩子们轮流发言、有礼貌地耐心等待是这样一堂课，将在未来的生活中为他们带来重大裨益，这无疑是他们的一堂必修之课。有关更多的在谈话中轮流发言的方法，请参阅前文的相关内容。

脏话难防

说脏话要小心！蹒跚学步的孩子不会顾忌语言的微妙，向他们周边的世界鹦鹉学舌。所以，当你把罐子掉到脚上或者锤子砸到拇指上时，在大声嚷嚷一些难听话之前，先咬住自己的舌头，否则你可能会听到你可爱的三岁孩子说："爸爸，看那朵花！×××的花！"

谈论差异

回到那个你家幼童称某人为胖子的餐厅,你怎样才能避免这种情况呢?事实上,你可能没法避免。你三岁的女儿注意到邻桌那个女人的某些特点,说了出来,从她的角度来看,这和她注意到餐巾是纸的,卡座是红色瑙加海德人造革的,没有什么两样。这是孩子身上最令人惊奇、最美妙的地方之一:他们以一种不带评判的态度来体验这个世界。对他们来说,自己生活在标准之中,与此不同的任何东西都是应当加以关注、对之发表意见,保存起来留待将来参考的。作为父母,你的职责是帮助你的孩子以一种合乎社交规范的方式来谈论他们所认识到的自己与他人之间的差异。

鼓励你年幼的孩子和你谈论人与人之间的差异,但也要向他们解释,其他人也意识到了这些差异,不需要你的孩子向他们详细地指出来。如果你的孩子因为他注意到了无须说出的差异,无意中冒犯了别人,代他道歉是合适的,也是善意的。

教育你的孩子尊重他们所看不到的差异也很重要，做到这一点的最好方法是为孩子示范你希望他们所采取的行为方式。当你在讲一个关于种族的笑话，或者就宗教、种族、性别或者性取向开玩笑或者发表评论之前，无论这些玩笑话或者评论在你看来多么心怀善意，都要三思而后行。教育孩子宽容意味着你自己也要宽容。

良好的交际与语言礼仪的强化训练方法

头条新闻

年龄范围：三岁及以上

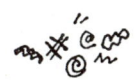

这个游戏可以让你的孩子们轮流发言，也可以让每个孩子都对谈话感兴趣，即使内容和他们无关。如果一个孩子有重大新闻需要报告，无论是当上学校话剧的主角，还是考了好成绩，或者一整天都没尿湿裤子，他或者她都应该第一个报道。通常你会发现有一件事似乎比其他事情更加"重大"，所以相关的那个人可以先说。成为第一个发布头条新闻的人也是一种奖励，你的孩子会喜欢并愿意为之而努力。

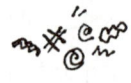

"室内和室外声音"

年龄范围：四岁及以下

这个游戏可以让年幼的孩子们认识到在家里说话要用怎样的音量才合适。告诉孩子们，你会让他们表演一个角色（动物就很好），并且说"室内"或者"室外"。然后他们就表演那个角色，调节自己的音量来配合你的指令。例如，你会说，"好的，克里斯。你是一只狮子。室外声音……现在是室内声音。"孩子也会随之咆哮或者低吼。

赞美游戏

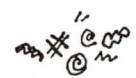

年龄范围：四岁及以上

学会给予和接受赞美的最好方法是练习。无论是在车里，在餐桌上，还是在其他任何家人或者孩子相聚的地方，这都是一个可以玩的好游戏。你从恭维坐在你旁边的人开始，你可以简单地说："诺亚，你的笑容很美。"然后诺亚应该向你致谢，接着转向他旁边的人，对后者说句赞美的话，如此依次而行。好处是：你的孩子会互相诉说和聆听对方的赞美。

"别用那种语气和我说话!"

年龄范围:四岁及以上

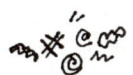

这项活动可以很有趣,尤其是对"萌芽阶段"的剧作家来说。提供一个足够主观的场景,使一个人的语气在演绎时可以造成巨大差异。例如,某人对于另一个人提着一袋东西绊倒的反应。然后,你给孩子们指定或者让他们自己选择角色来扮演:坏脾气的、有同情心的、生气的、尽量卑鄙的、尽量善良的等等,让他们把这些场面表演出来。这样的游戏通常效果很好,如果你们在汽车上或者在家里玩,会更加有趣,这样孩子们就不会因为别人旁观他们扮演另一个角色而感到害怕或者尴尬了。

将心比心

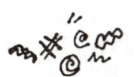

年龄范围:五岁及以上

教年幼的孩子尊重别人、宽容对待别人的一个好方法是鼓励他们"将心比心"。让他们换位思考,并基于他们的行为向他们提问。他们希望别人盯着自己看吗?他们需要别人来告诉自己,他们和他人有什么不同,还是他们已经知道了?他们希望别人注意自己身上的什么东西?这个游戏孩子们玩得很好,当他们站在别人的立场上思考时,你会惊讶于他们所给出的老练而深思熟虑的回答。

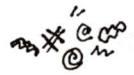

说到做到

年龄范围:五岁及以上

这个游戏有助于示范你所期望的行为模式,在这种情况下,要戒除脏话,并且向孩子们强调,有很多话是永远不能接受的。要决定哪些词是你所认为的脏话,以及其他任何你不希望你的孩子经常使用的词(例如"闭嘴"或者"你这个白痴")。你不必列出你所知道的最难听的脏话,但是你需要说清楚哪些词和短语是不可接受的。如果孩子们发现你说了这种话,你就得受罚,比如交出二十五美分啊,五个俯卧撑啊,或者不能吃甜点。如果你发现他们说了,同样受罚。你的孩子会喜欢你犯错,如果他们犯错,至少他们会为此付出代价!

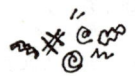

问: 邻居家的孩子经常来我家,他们从来不说"请"或"谢谢"。这快把我逼疯了。有什么好办法可以向他们指出这一点呢?

答: 你可以很和气地告诉他们,在你家里,就要遵守你的家规,如果他们想要什么,他们应该说"请"和"谢谢"。如果你想做得更加巧妙,可以在时机来临时简单地问一句"你说什么"或者"那个魔力词是什么"。记住,当你听到这个词的时候要予以强调。一句简单的评语,比如"谢谢你这么有礼貌"就可以了。

问: 我有一个蹒跚学步的孩子,他一直在使用厕所语言,他觉得这些话实在太有趣了,我甚至能听到他边玩边自言自语。每当他说这些话时,我是应该当作没听到,还是责备他?其他孩子觉得这件事非常可笑,我敢肯定这也是个问题。

答: 学步娃和学龄前儿童会大量使用厕所语言,考虑到从尿布到如厕训练的过渡在孩子生活当中留下了深刻印象,这种情况是可以理解的。学步的孩子会大声说出自己的学习过程，这是正常的，也是必要的，但是你可以而且应当限定在哪些地方可以说这些事，比如在厕所或者私底下。当他觉得要用厕所语言时，带他去厕所。你需要在不予惩罚的情况下提醒他，然后立即引导他去干别的事情。

问： 当大人在公共场合对我的学龄前儿童说话或者对他微笑时，他会很不高兴。他经常对他们大喊："别盯着我看！"或者说："我没在跟你说话！"这很令人尴尬。解决这个问题的最好方法是什么？

答： 这个年纪的孩子通常很有自我意识，会对他们的自我形象感到焦虑。和他好好谈谈，向他解释别人是觉得他"帅"或者"好看"，可能是因为喜欢他而看着他。用手臂搂住他，让他安心，把他所在意的受人瞩目看成是一件好事，让他对那个成年人笑一下。

问： 我十四岁的女儿有一些朋友，她们经常说脏话。如果她们知道我在一旁，就很少骂人，但当我不在房间时，我能听到她们（包括我女儿）脏话连篇。我不喜欢听到如此可爱的女孩们这样说话，但我也不想让女儿在她朋友面前难堪。我能做些什么呢？

答： 先单独和你的女儿谈谈，并指出你知道她和同龄人在一起时的表现。向她重申你家有关脏话的规定，并且警告她，下次再听到她们说脏话，你会阻止她们。别对管教女儿感到不安。为人父母在于尊重和理解，而不在于成为朋友。通过你所赢得的尊重，你会在她成年后享受到同伴般的关系。

期望清单

这部分根据不同的年龄分组，可以作为一个快速的参考，你能以及不能对你的孩子在各种场合使用恰当的话语有所期望。你要有较高的，但并非不合理的期望，否则成功肯定会离你而去。请注意，这是基于非常普遍的成长里程碑，并为孩子们提供了指导方针，你的孩子可能成长得更慢或者更快，因此能力或多或少与以下所列的有所不同。

还要注意的是，当孩子们逐渐达到规定年龄范围的明确界限时，他们将更有可能对所列技能有更高的熟练程度。

从学步至二十四个月,你可以期望孩子做以下事情:

- 他会模仿所听到的几乎一切话语——所以注意你的言辞,并且示范你想从他嘴里听到的话!
- 如果你示范"谢谢",他会重复说这个词(以及其他任何你所示范的词),但他不知道自己在说什么,也不太可能会自发地说"对不起"。
- 在进行如厕训练的过程中,他可能会使用厕所语言。他需要把整个过程说出来,而且应该有个地方给他这样做(比如在厕所里,而不是在餐桌上)。

三岁至五岁,你可以期望孩子做以下事情:

- 他会在提示下说"对不起""请""谢谢你""请原谅",但他说这些话并不是出于他的本意。
- 需要经常提醒他使用"室内声音"和"轻声"。
- 他在五岁左右时会把注意力集中在厕所幽默上(男孩尤其会这样做),你需要强调游乐场谈话和家庭谈话之间的区别。

六岁至七岁,你可以期望孩子做以下事情:

- 他会有意识地说"对不起""请""谢谢""请原谅"等,有时他自己会组织这些话语。
- 他会表现出对他人,包括对宠物的同情。
- 和其他孩子结伴时,他会退让,需要在集体活动之前和活动期间强调对其行为的要求。
- 他会插话,以免忘记自己的想法和主意,尤其是当他对讨论感到兴奋的时候。
- 他可能会打嗝或发出其他声音来博人一笑,应该提醒他要说:"请原谅。"

八岁至十岁,你可以期望孩子做以下事情:

- 他会在不同的情况下理解对与错。
- 如果你早些时候一直提醒他,为他示范的话,此时他就不那么需要了。
- 他会对自己能够自我管理、掌握规则而倍感自豪。和他一起关注他是如何独立遵守规定的,你又是怎样为他这样做而感到自豪的。

十一岁以上,你可以期望孩子做以下事情:

- 他会吸收并且掌握本章所述的语言技能。
- 对于他与他人(包括成年人)互动的积极评价,他会做出良好的反应。(记住,在这个年纪,男孩可能是实干家而不是空谈者,所以要关注并且积极评价他们的行为。)

Chapter 3

第三章

见面和问候礼仪:

我想让你认识一下……

本章所涉及的基本礼仪：

- 和在场的其他人打招呼
- 握手
- 眼神交流
- 应门
- 参与成年人的谈话
- 进入与离开房间

想象一下，你和十几岁的侄女还有你那八岁的孩子一起走在街上，碰到了一位多年未见的老友。当你做介绍时，侄女走上前去，伸出手说："嗨，我是伊丽莎白，很高兴见到你。"这给你留下了深刻的印象，作为她的亲人，也感到很自豪。与此同时，你那八岁的孩子踩到了口香糖，正全神贯注地研究各种去除口香糖的方法，没有抬头和对方打个招呼。后来，当你把儿子鞋子上硬邦邦的 Hubba Bubba[1] 撬下来后，回想起这件事，你会惊叹于侄女的彬彬有礼，并对自己发誓，下次再遇到一个老朋友时，你的孩子也会成为"见面问候之星"。本章将帮助你达到目标。它包括了介绍和问候的基本要领，以及当成人和儿童、熟人和陌生人的世界发生碰撞时的一般礼仪。

---

[1] Hubba Bubba，德国的一个口香糖品牌。——译者注

基本原则

当你试图教导孩子如何向成年人自我介绍或者由别人介绍时，最重要的事情之一是要记住，对于大多数孩子来说，成年人是非常可怕的生物——他们不仅身躯庞大许多，而且代表着未知的、陌生的社会领域。有些孩子是天生的演员，喜欢和成年人交谈所带来的额外关注（事实上，这些孩子是那种常常在你准备脱身时让你无法住嘴的人），但大多数孩子把与成人的偶遇视为前往某些更有趣的地方的路障。帮助你的孩子学习良好的见面问候技巧的最佳方法是始终如一地示范你想要他们展现的行为，将互动保持在一个合理的时间长度内（从孩子的角度来看），不要在他们累了、饿了或者两者皆有的时候推动此事，否则你会非常后悔的。

如何为成功做好计划

- 树立一个好榜样。
- 让你的孩子做好互相介绍的准

备,说清楚你的期望。
- 将互相介绍之后的谈话控制在合理的时间长度内——要留意孩子是否太累太饿,无法承受在街上的长谈。
- 接受和认可腼腆孩子的努力,要让他们感到自在。别强迫!
- 让孩子们参与谈话,但是允许他们在厌倦的时候离开。
- 引导谈话远离不合适的话题。

让孩子做好互相介绍的准备

孩子头一次和另一个成年人见面时,让他们做好准备,并加以引导,尽量让过程轻松愉快。告诉他们将要见到的成年人会做些什么,以及你期望他们做些什么作为回应。例如,

"琼斯太太会来家里。她会想拥抱你的。如果你不想拥抱，那就伸出手来握手，说声'很高兴见到你'或者'嗨'。"当琼斯太太到了，准备拥抱你的女儿时，她就会知道自己可以伸出手来回应，依然还是很有礼貌的。

互相介绍的一般规则是把年少者介绍给年长者。因此，如果你把女儿介绍给一位成年朋友，你会说："苏茜，这是琼斯太太。"她应该看着琼斯太太的眼睛，和她握手（小孩子可能不习惯握手），说"很高兴见到你"，甚至只说"你好"。当谈话结束时，你的孩子也应该打个招呼，一句简单的"再见"就可以了。

称呼成年人的名字

一定要和孩子们说清楚你想让他们如何称呼要见的人。一般来说，你与其他成年人的关系将决定你的孩子应该如何称呼他们。例如，如果你们当地每个人都用名字互相称呼，你可能会在把孩子介绍给成年人时，称呼他们的名字。如果你不确定你的成年朋友希望以怎样的称呼得到介绍，直接问他们，然后照做就好了。

记录在案

要弄明白该把谁介绍给谁，你肯定比你想要介绍的对象更没把握，你不应该过于纠结自己是否做得完全正确。如果你不小心把年纪较大的人介绍给年纪较小的人，"礼仪警察"是不会逮捕你的。关键是为孩子铺平道路，提醒他回应，来帮助孩子学会对介绍做出反应。

如果你和这个人不是很熟悉，也不是很方便问他喜欢怎样的称呼，那么最好还是选择正式的而不是非正式的称呼。使用成年人的姓氏：琼斯先生、帕克女士等等。这是一种尊重的表现，许多成年人，尤其是年纪较大的人，会认为这是礼貌的问题。如果成年人想让你的孩子直呼其名，他们会让你的孩子知道的。

还要记住，你在别人不在的时候称呼他们的方式可能就是你的孩子记住他们、称呼他们的方式。给孩子可能会遇到的人取绰号要留神，尤其是那些不太讨人喜欢的绰号：如果你不想让你四岁的孩子当面叫琼斯太太"那个老袋熊"，那就别在背后这么叫她。

拥抱和飞吻：怎么办

在一些社交圈里，握手已经被拥抱或者飞吻所取代，尤其是在你很熟悉的人之间。如果你习惯了这些打招呼的方式，并且身体力行，你的孩子也可能会接受它们。然而，考虑到许多孩子经常受到告诫，陌生的成年人不应当拥抱、亲吻他们，他们不想受到不熟悉的人拥抱和亲吻，也是可以理解的。如果你碰到可能发生这种情况的社交场合，让孩子知道他们可以用一种自己觉得舒服的方式

> 来回应。如果他们不想被人拥抱或亲吻，一个握手甚至一个"嗨"都可以。如果年幼的孩子需要保护才能避免不受欢迎的拥抱，你可以把他们抱起来。

眼神交流

对孩子们来说，当他们被介绍给成年人时，他们要在和成年人说话的时候看着对方的眼睛，这很重要。吐字清晰也很重要。对有些孩子来说这可能很困难，尤其是那些比较害羞的孩子。与成年人交谈是令人生畏的，尤其是当他们彼此不熟悉的时候。你可以让孩子和大人之间的互动尽量短暂，并且明确告诉孩子你希望他做些什么，以减少这件事的难度。你们当然得先在家练习。有时候，孩子们，尤其是幼小的孩子，不理解"眼睛是心灵之窗"这个概念，认为如果他们把脸朝向你，你就看不出他们的眼睛仍然盯着街对面的小狗。当你的孩子在家里和你说话时，提醒他们和你要进行眼神交流，而且要尽量说得具体些。与其说"当我和你说话的时候要注意听",还不如说"我们聊天的时候,看着我的眼睛"。一个有趣的练习方法是进行比赛,看谁能在谈话的时候目不斜视,保持最长时间的眼神交流。

应门

学会打开门,有礼貌地迎接客人是一项非常基本而且重要的技能,但是家长们再也不能把这种能力视为是理所应当的了。

你在教导孩子如何应门时,你需要让他们清楚地知道,永远不要给陌生人开门。以积极的方式强化这一点的最佳方法是,尽量多地进行不同情境下的角色扮演。当一个陌生人站在门口时,不热情欢迎不仅仅是可以的,而且还是非常重要的。在游戏结束后,你们认真讨论周围有陌生人时的安全问题。

当你觉得孩子已经足够大

了，可以为认识的人应门时，他们应该打开门，用来客的名字和他打招呼，然后欢迎客人进来。大一点的孩子应该主动去接过客人的外套、包和其他物品，然后陪他们走到你们通常接待客人的地方。做此项练习，并且计划好客人到来后孩子应该把他们的物品放在何处——当你离开某人的家时，发现你的礼服被扔在后厅的地板上，是会令人尴尬的。

帮助害羞的孩子互相介绍

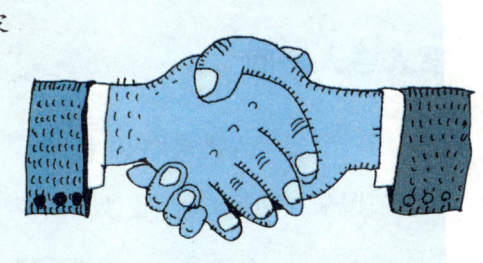

当你帮助你家腼腆的孩子学会与成年人或者新朋友进行社交互动时，要对他有耐心，但是你不应该让他在完全没有参与的情况下离开。通常，把社交互动分解成具体的、循序渐进的脚本，有助于腼腆的孩子学习互动中会出现的情

> 况，并且对之更加适应。在安全舒适的环境中与孩子一起练习，进行角色扮演，会让他更加愉快地一步一步地渡过难关。极为重要的是，当你家胆怯的孩子犯难时，不要表露出愤怒或尴尬的表情。努力则必有收获。

你也可以养成习惯，当你和成年人打招呼时，把孩子拉到身边，这样他会觉得更加安全。

客人进入房间

当一个成年人进入你家时，每个人，不仅仅是孩子，都应该站起来欢迎他的到来。如果来者是孩子很熟悉的人，一个简短的"嗨"就足够了。如果走进屋子的成年人是一个新交，那么在街上遇见成年人时所适用的介绍礼节，也同样适用于在自己家中。

当你的客人来访时，成人拥有家中公共场所的优先使用权，这应当是一项共识或者家规。这就意味着，如果你的孩子正在你接待客人的场所玩电子游戏或者看电影,他们必须给你们让出空间。你不必说服他们去干点别的事,除非你的孩子非常小,需要密切关注,否则,他们要么参与你和客人的社交活动,要么经准许去别的地方。要做到这一点又不引起严重的骚动,最好的办法就是在客人来访之前就告知你的孩子。没有人喜欢在电影看到最精彩的部分时,或者游戏打到最来劲时受到打扰,而且,刚进门就目睹一场巨大的家庭纷争会令每个人都尴尬不已。

黄金法则:和他人打招呼

在和别人见面或者互相问候这些事上,孩子们应该学习的最重要的社交技巧也许就是和别人打招呼,无论当他们走进房间时,还是在街上遇到他们。即使是最害羞的孩子也能够而且应该学会看着对方的眼睛,握握手,说声"嗨",或者向对方挥挥手。

别忘了你们的听众

别忘了你们的听众，谈话要简短，要适合孩子的年龄。**无论孩子年龄大小，互相介绍后时常出现的漫长谈话对他们来说都是非常难以忍受的。**较小的孩子不大会想要加入谈话，他们只是想结束谈话，这样就可以回去做被横加打断之前所做的事情了。另一方面，没有孩子喜欢被完全忽视，如果你这样做，很可能会让你付出沉重的代价。让你的孩子有机会参与到谈话中来，如果他们愿意的话。也要让他们明白什么时候可以离开。提醒他们在走的时候说"请原谅"或者简单的"再见"，以此结束自己的参与。

大孩子可以也应该参与介绍之后的谈话，这样他们就不会感到尴尬。这将帮助他们练习说话时口齿清晰，眼睛直视听众，为他们提供一个练习当"成人"的机会。尽量给孩子一个机会，让他谈谈自己感兴趣的事情。记住，大多数孩子，甚至年龄较大的孩子，

对于和他们自身体验相关的具体问题回答得最好。如果你那十三岁的孩子可以谈谈他最喜欢的音乐组合,或者他最喜欢的运动是什么,为什么会喜欢,他就有机会心甘情愿地积极参与。一般来说,当你让大孩子和十几岁的孩子加入谈话时,要记住主题和语言始终应该适合孩子,如果不适合,要么转移孩子,要么转移话题。

良好的见面和问候礼仪的强化训练方法

握手游戏

年龄范围:三岁及以上

光是注视对方的眼睛,握手,说声"你好,很高兴认识你"(很高兴见到你)或者"再见,很高兴见到你"(再见)这类简单举动,就需要大量的练习。时不时地用这些来做游戏——当你送孩子们出门或者当他们出门回来和他们打招呼时,伸出你的手,看着孩子的眼睛说:"很高兴见到你"或者"哈喽,山姆你好吗"之类的话语。孩子们喜欢这个游戏,这会让他们记住整个过程，于是习惯变成自然。这也会帮助你的孩子适应这种社交习俗。

"谁在门口？"

年龄范围：三至六岁

到了孩子们适合开门迎客的时候，这个游戏有助于加深他们的印象。孩子站在门的里面，你站在门的外面。你敲门，孩子问："你是谁呀？"你要么报出一个他们熟悉的人的名字，要么说出一个他们不认识的人的名字。然后，孩子们应该要么开门迎接他们的客人，要么说："我不认识你，所以我不能让你进来。我去叫我妈妈。"你会比你家孩子更容易厌倦这个游戏——出于某种原因，小家伙们会觉得这个游戏非常好玩。

眼神交流比赛

年龄范围：四岁及以上

打开优能眼药水。这个比赛有助于你的孩子在说话时保持眼神交流，而且很有趣。当你一发出信号，一对搭档会就你选择的话题进行对话,而且必须始终盯着对方的眼睛,不管周围有什么干扰。对方可以尝试分散搭档的注意力,但不能动手,允许眨眼。

女王或国王之日

年龄范围:四至八岁

这个游戏有双重好处:你可以帮助孩子学习礼仪,而且终于享受到了女王或者国王的待遇。向孩子们宣布,殿下就要驾临了,让他们练习本章讨论的所有见面和问候技巧,而你则扮演皇室成员的角色。每次给一个孩子一个意外的机会,使其成为王子或者公主也是一种有趣的惊喜。

"我是谁?"

年龄范围:五至八岁

这是一个三人游戏,帮助孩子们学会适应互相介绍以及与成年人的简短对话。一个孩子扮演较年长的"成年人",另一个将由你介绍给"成年人"。你给"成年人"指定一个职业或者独特的人格,年幼的孩子需要根据你在他们(彬彬有礼的）介绍性谈话期间所透露的线索进行猜测。这个游戏让孩子们为以后与较年长的成年人进行"真实"对话做充分的准备。"成年人"可以是如下的职业：

- 医生
- 主厨
- 芭蕾舞演员
- 垃圾清洁工

找出共同点

年龄范围：八岁及以上

如果给孩子们一个他们感兴趣的话题，或者一个足够具体、足够经验性的话题，让来他们谈论，大多数孩子完全有能力与成年人进行睿智而有趣的对话。为了避免孩子被介绍给其他成年人时嘟嘟囔囔，给他们找些话来说。找出一些与即将见面的成年人之间的共同兴趣（话题），或者找出此人身上的有趣之处，越具体越好，以此来为孩子做好准备。例如，如果你知道将要介绍给孩子的那位朋友是一位医生，而你的孩子对生物学感兴趣,那么就提一下他们的共同兴趣,作为谈话的开场白。

双人组合

年龄范围:十几岁

十几岁的孩子往往能从数量上得到安全感,感到镇定。如果你家来了客人,想让你家那十几岁的孩子参与社交活动,可以允许他们带一个可靠的朋友加入。这将给你家的少年带来精神上的支持和信心,通常对每个人来说,这都会转化为一种更加良好的社交互动,并且为孩子们在社交场合与成年人进行互动提供了宝贵的练习时间。

问与答

问: 我有一个十几岁的孩子,他并不腼腆,但是当把他介绍给成年人时,他不能很好地与之交流。当成年人问他问题时,他只会小声嘀咕,低头看着地面。很显然,他对谈话不感兴趣。我很尴尬，其他成年人也不自在，而他自己却无动于衷。我该怎么办？

答： 为你的儿子创造机会，把他介绍给其他成年人，并为他们提供具体的线索，以便他们开始交谈。例如，如果他对山地自行车感兴趣，你可以这样介绍他："这是我的儿子伊莱沙。他刚完成一次远途山地骑行回来。"于是，你为儿子引见的那位成年人就可以围绕你儿子感兴趣的某件事提一些特定的问题，这件事是实在的，非常具有经验性的，而且会为他提供一些安全而熟悉的背景来用于谈话。还要记住，对于大多数少年来说，他们与成年人的接触通常是单边的：成年人滔滔不绝，少年人洗耳恭听。让他尝试一下短时间谈话的技能，并在介绍之后不久就让他脱身。但是不要放弃。他只是在谈话方面需要训练，也需要你的帮助。

问： 有一位年长的男性家庭友人，每次看到我的孩子，都习惯于亲吻他们、拥抱他们。他们小的时候还好，但是现在，尤其是我那十三岁的女儿感到很不舒服。对于如何解决这个问题，您有什么建议吗？

答: 不要让你的女儿忍受她不想接受的亲吻和拥抱。如果她在问候此人时对拥抱感到不舒服,她可以伸出手热情地与他握手,并进行口头问候。当这种情况发生时,你可以用胳膊搂住她,这样她就不会被拉入一个自己不想要的拥抱。记住,你是她的保护者:保护你的女儿安然无恙是你的责任,所以把这个朋友拉到一边,(在你女儿不在场时)向他解释(作为成长的一部分),女儿不再喜欢他的拥抱了,她希望他别抱了。

问: 我的儿子,一个七岁,一个九岁,经常忘记遇到成年人时他们应该做些什么,我发现自己每次都在从头到尾指导他们。这样做可以吗?还是我应该听之任之,过后再跟他们说,希望他们下次会长记性。

答: 良好的礼仪是好习惯,需要练习。在社会交往期间温和地指导你的孩子如何行事是很好的,也是很有帮助的,特别是当你的儿子们似乎不知所措的时候。在你即将要和成年人打招呼之前,让他们对即将发生的事情有所准备是一个好主意,这样他们的任务就会清晰鲜明地出现在脑海中。

问: 我应该从几岁开始把我的孩子介绍给成年人？我有一个三岁和一个两岁的孩子，我觉得向他们做正式的介绍有点傻。

答: 你越早向孩子示范你希望他们展现的行为方式，他们就越早能做到。非常年幼的小孩子和大孩子一样对周围的人感兴趣，帮助他们把熟悉的名字和面孔联系在一起是个好主意。记住，介绍要简短扼要，如果孩子们对互动不感兴趣，或者太累、太饿了，那就作罢。他们太年幼，无法长时间控制自己的冲动或脾气。如果你能在幼年期就让这些接触变得积极而成功，当他们长大时就会得到回报。

期望清单

这部分根据不同的年龄分组，可以作为一个快速的参考，你能或者不能对你的孩子在初次和他人交流时有所期望。你要有较高的，但并非不合理的期望，否则成功肯定会离你而去。请注意，这是基于非常普遍的成长里程碑，并为孩子们提供了指导方针，你的孩子可能成长得更慢或者更快，因此能力或多或少与以下所列的有所不同。

还要注意的是，当孩子们逐渐达到规定年龄范围的明确界限时，他们将更有可能对所列技能有更高的熟练程度。

学步至二十四个月，你可以期望孩子做以下事情：

- 他会享受与他人的互动，如果有一位亲密的家庭成员或者主要照看者在一旁的话。
- 他将能够与其他孩子一起玩平行游戏和合作互动，尽管他实际上不会与其他孩子玩耍。
- 他会非常好奇，观察他人。
- 他可能会容忍不熟悉的成年人向他问候，和他握手。
- 他会通过成年人的认可来学习一种自我价值感，所以当你问候别人的时候一定要介绍他。

三岁至五岁，你可以期望孩子做以下事情：

- 他会主动说"嗨"或"你好"（通常要四岁以上）。
- 如果你不给他做示范，他是不可能和别人握手并且称呼别人的名字打招呼的，但是如果你想让他在八岁至十岁前达到这个目标,你就要为他做示范。
- 他不应该应门,对于此年龄段以及更小的孩子来说,这只是家长的职责。
- 他可能不大愿意在游戏中交换任务,不愿意与人分享。
- 他会和他人有眼神交流,但是无法持久。
- 他可能不会用话语参与谈话,或者只会用一两个单词来回答问题。

六岁至七岁,你可以期望孩子做以下事情:

- 关于与他人见面时应该怎么做,做些什么,他会忘记你的要求或者规定,你必须时不时地给予提示。
- 他将能够握手,进行眼神交流。
- 他很可能会用单音节词回答问题。

八岁至十岁,你可以期望孩子做以下事情:

- 他会更加善于打招呼,比如在没有提醒的情况下说"你好"(九岁以上)。

- 如果话题是具体的,他会更好地参与到对话中,并且在回答问题时更加细节化。
- 他会更加明白社交提示和人们之间的约定(例如,当他在门口迎接某人时,他会很熟练地向他们打招呼)。

十一岁以上,你可以期望孩子做以下事情:

- 他会很自在地问候别人,和他们交谈,尤其是他们会在门口迎候客人,在成年人进屋时站起来,等等。
- 他会在场,但不会出声,特别是当他对聊天主题不感兴趣时,他会聆听,但可能不会参与。

Chapter 4

第四章

电话礼仪：

喂，你是谁啊？

本章所涵盖的基本礼仪：

- 接电话
- 打电话
- 带口信
- 留口信
- 学会等候别人打完电话

你肯定有过这样的经历：你给一个朋友或者熟人打电话，当你说"喂？喂？"的时候，听到的不是问候语，而是一个非常小的人儿发出的沉重的呼吸声、一声突然的咣当声以及背景噪声，无人回应。想在家里避免这种情况吗？本章将帮助你教给孩子打电话、接电话的正确方法，包括留口信和带口信。虽然你可能不一定能收到别人给你留的每一条口信，但是至少你能够确保打电话到你家的人不会被挂掉电话。

基本原则

无论你相信与否，你的孩子并不是天生耳朵里就带着电话听筒的，不管它此时放在耳边看上去多么顺眼。年幼的孩子要在成年人的监督下逐渐学会打电话。但无论你的孩子是接电话新手还是老练的拨打电话者，通话时得记住的最重要的事情就是要用正常的语音清晰地对着听筒讲话（而不是像特工一样窃窃私语），使用话语而不是用手势（比如点头或者耸肩），并且要把注意力集中在电话交谈上，而不是房间里正在发生的其他事情上。

如果你家有非常小的孩子，你可能就会发现他们在通话时需要别人经常提醒：使用语言，而不是用手势。你要提醒他们一直用语言来回答问题，结束通话时说"再见"，而不只是放下电话，扭头就去做更重要更好玩的事情。

如何为成功做好计划

- 帮助孩子练习打电话、接电话。
- 为孩子记下口信提供便利：在电话旁边放一支笔和一块留言板或者一张白纸。
- 当你的孩子和祖母或者其他人通电话时，为了避免长时间的沉默，在他们通话之前向他们提议一些可以谈的话题，作为准备。这样每个人都会更加享受通话过程。
- 不要依靠孩子传递重要信息。
- 当你需要打电话时通知孩子,这样他们才有机会提前告知他们的需求。
- 如果你告诉孩子要打一通简短的电话,就要尽量做到简短。

接电话

理论上讲,学会接电话好像是一件很简单的事:电话铃声响了,你拿起听筒,说:"你好?"课程结束。但是对小孩子来说,这件事并不像听起来那么容易。因为孩子们是具象的学习者,学会拿起一样物品,对着一个虚无缥缈的声音说话,回答要得当,还不能受到在眼前发生的每件事的干扰,这是一项艰巨的任务,需要大量的练习以及你的亲身示范。

电话铃声响起时,接电话者应该拿起听筒,用礼貌而清晰的声音说"你好",而不是在刚刚咬了一大口三明治,或者嘴里还嚼着口香糖的时候去接。如果电话正是打给那个孩子的,她应该用正常的语气直接对着话筒说话,把注意力集中在谈话上,而不是放在电视节目或者她正在做的作业上,或者放在屋子里她身边正在进行的谈话上。**当通话结束时,她应该感谢来电者的来电,道声"再见",然后立即挂断电话,把听筒放回电话机上,而不是把它扔在沙发上,或者让它悬挂在电话绳上。**

电话就是应该这样接的,但是当你开始教孩子们时,可能不会这样。每次专注一项技能,这样他们就有机会在通话的一些环节取得成功。例如,表扬你的女儿拿起电话,用清晰的声音回答,忽略她拿反了话筒、对着听筒说话这个细节。赞扬做对的事情,温和地纠正没有做对的,你就会发现每项技能都可以水到渠成。

你是谁啊

有些家长鼓励孩子在接电话时表明自己的身份,如"你好,我是凯尔西"或者"你好,这里是威尔逊家",这样有助于来电者避免猜测对方是谁。还有一些家长不希望自己的孩子向未知的来电者透露自己的身份。无论你选择哪一种，都一定要教育你的孩子，不要在电话中提供过多的个人信息。

多小算太小

你得判断孩子多大才能接电话。通常最主要的因素是可信赖的程度。**从电话机走到电话要找的那个人那里，一路上会有很多让人分心的事情，**听到"我能和你妈妈说话吗？"这句话的小孩子经常在找妈妈的半路上忘了这件事，或者被旁事分散了注意力。正确的原则是，当你确信可以指望孩子们找到来电者想找的人时，再让他们接电话。

要求来电者表明其身份

如果接电话的孩子不是来电要找的人，孩子应该要求对方告知他或者她的身份。"请问您是哪位？"比"你是谁啊？"更加有礼貌，后者让孩子听起来像个暴徒。

而后，孩子应该让来电者知道他或者她会去叫对方想找的人："我去叫他。请稍等。"这也能帮助小孩子们坚持完成任务。当对方问"你爸爸在吗？"时，孩子会回答"在家",然后耐心地等待那个神秘声音提出下一个问题或者发表看法。教她说:"我去叫爸爸。等一下。"这样就概括出了她面临的任务,她更有可能会予以完成。

与电话推销员打交道

迟早会有一天,你的孩子会接到一个电话,电话另一头是个电话推销员。向孩子们解释,什么是电话推销员,他们可能想要什么,以及为什么你不希望孩子们说出这些来电者要求的任何信息,这是个好主意。制定一项针对电话推销员的标准家庭规则或者标准答复,你就会放心地让孩子们接到类似电话时予以应用(例如,"我们不接受电话推销")。这样,你就知道你的孩子在按照你想要的方式作出回应,你不会在不知情的情况下换掉电话运营商。

如果你看不见他们，就去找他们

如果你或者来电者要找的人就在电话附近，孩子应该在叫那个人之前先用手捂住话筒，这样他就不会对着对方的耳朵大喊大叫了。对于不在附近区域的接听者，**接电话的孩子应该放下电话，去找那个人，而不是扯着嗓子大喊："妈妈！你的电话！"** 你的孩子可以根据一条实用的规则来决定何时该喊某人，何时该去找他们，那就是如果他们要找的人不在视线范围内，根据规定，他们也就不在听力范围内。换句话说，如果你看不见他们，就去找他们。

你妈妈在吗

当你不在家或者不方便的时候，你需要为你想让孩子说的话建立一套自己的规定。很多时候，成年人会打电话来，问接电话的小孩，"你妈妈在吗？"如果你不喜欢你的孩子大声通报你不在家或者你在洗手间的消息，那么就教他们简单地说你现在不方便或者不能马上接电话——这是个好主意。这种措辞也适用于那些更加死板的孩子，当别人问他们"你妈妈在吗？"的时候，他可以环顾四周后说，"不在。"

即便你就在隔壁房间。记住，孩子越小，他们对生活的看法就越具体。因此，如果有人打电话问妈妈在不在，他们很可能会诚实地回答"在"或者"不在"，然后就怀着一种"任务已完成"的心态，直接挂了电话。

帮他人带口信

如果来电者要找的人不在，接电话的孩子应该说："我可以帮他/她带个口信吗？"在电话旁放一叠纸和铅笔，这样就方便多了。还要提醒你的孩子，如果把许多信息写下来对他们来说太难了，一个字迹清晰的名字和一个电话号码就可以了。

如果孩子还没大到可以记下名字和电话号码的年纪，你应该教他或者她让对方过会儿再打来，或者如果旁边有个大一点的孩子，就应该接过电话，这样口信就可以得到准确的传递。不要指望你的孩子，尤其是年幼的孩子，能够原原

本本地记住每条口信，你知道有多少成年人忘记或者忽略了传递完整的口信吗？如果你正在等重要的电话，需要准确的信息，不要依赖你的孩子，而是使用电话答录机。

有些家庭在父母或成年人没空或不在家时，完全通过电话答录机来筛选电话，从而避免了带口信的问题。用这种方法，如果孩子知道来电者正在留言，他或者她可以拿起电话，继续通话。要不然，成人可以接收直接来自来电者的留言，隐私和安全都不是问题。

打电话

打电话时，教孩子在要求找谁之前先表明自己的身份（"嗨，我是肖恩。我可以和理查德通话吗"），这能给人留下良好的第一印象，也能避免年幼的孩子在对方接起电话的那一刻发慌，忘记了打电话的目的，忘了要打给谁。这还能避免在电话另一头的人接起电话时问"你是谁啊？"，你的孩子可能会为此而感到难为情。

你的孩子应该礼貌地要求与他想找的人通话，而不是咕哝着说："理查德在吗？"尤其是大一点的孩子，他们说话就像穴居人一样，对着电话喃喃自语，好像每个音节都得让他们付出超人般的努力。这可能会让接电话者很不愉快。说话清楚，自报姓名，然后再找他们的朋友，这对于给电话那头的人留下良好的第一印象大有帮助。

留口信

如果孩子打了个电话，他想找的人不在，他应该问一下是否可以留个简短的口信。他的口信应该包括他的名字，打电话的原因以及电话号码。如果他打进了电话答录机，提醒他说话要清晰，留下他的名字和电话号码，并要求回电。教你的孩子不要在电话答录机上留下冗长而混乱的信息。不管谁留下这些信息，都会让人恼火。

呼叫等待

如果你信赖呼叫等待，你就需要为你的孩子制定规则，明确来电何时可以接通，何时可以不予理睬。你可能想要为来电设置最高优先级：来电应该优先于孩子们正在进行的任何通话，无论是谁的来电。"孩子回拨"规则通常适用于那些有多个孩子或者只有一条电话线路的家庭。如果孩子在呼叫等待时帮你记录口信，同样的原则也适用于记录口信。

如果你拨打911，他们真的会响应

如果同时提到"孩子"和"911"，几乎每个父母都有一个故事，说他们的孩子如何不小心拨打了911，接着警察、消防员或者当地所有急救车辆的组合出现在他们家门口，目瞪口呆的妈妈或者爸爸出门去迎接。虽然教导你的孩子911是紧急情况下该拨打的电话号码是非常重要的，但是同样重要的是要强调不可以光是为了聊天或者测试而拨打这个号码。你要强调只能在紧急情况下使用911，一个好方法就是实地拜访当地的消防队或者警察局，让一名穿制服的官员宣布规矩。当你的孩子从源头听到规定时，他们就会真正明白了。

拨错号码

你的孩子们难免会拨错电话号码。提醒他们，如果拨错

了，应该说，"对不起，我一定是拨错号码了"，而不是一听到陌生的声音就挂断。演示一下在类似情况下你会怎么做，并解释这种情况会发生在每个人身上。让你的孩子知道没有人喜欢电话被挂掉，大多数人宁愿知道对方拨错了电话，而不是故意拨了电话然后挂断。

当与别人通话时

大多数父母都会有同感，他们一拿起电话，完全沉浸在其他事情当中的孩子们就会突然有了迫切的需求，需要立即加以关注。战事爆发，泪水四溅，灾难发生。教你的孩子要尊重你在通话时不受打扰的权利，为此设定几项何时可以打断通话的准则。孩子们向你提出的大部分"紧急问题"，比如"为什么只剩下一片白面包了"？可以等几分钟再问。确保你也尊重他们的电话交谈。让孩子学会尊重你进行私人谈话不受打扰的权利，这绝对需要你自己以身作则。

你可以在拿起电话之前提前通知你的孩子，这样他们就能提前知晓你在给谁打电话，以及需要打多长时间。尽量说得简单明了，比如，"我需要打个电话，所以请不要打断我。我几分钟就能搞定"。这通常是他们所需要的。可以让他们在你忙于通话之前有机会先问完"那么重要"的问题。

对于较年幼的孩子，在你打电话之前为他们准备一份零食或者一项活动是个不错的主意，前提是这项活动不需要太多的监护。检查一下如厕需求不算是个坏主意，尤其是在你没有移动电话的情况下。如果孩子急着要如厕的话，你的通话往往就会因此而中断。你可能还想制定一些有关你（或者孩子们）通话时候私人空间的准则，使得通话更加令人愉快。如果你在打电话时，周围有几个人在说话（或者打架），你就听不清对方的话。同样地，要提醒你的孩子，在别人通话时介入其中，插嘴说"他说什么了"或者"你告诉他那件事了吗……"都是不合适的。如果这次通话应该由多人参与，那么通话者要么把电话递给另一个人，自己拿起分机，要么

在通话结束后做一个概述。

还要记住,如果你跟他们说过要打一个"快速电话",那么不停地说下去是很不公平的。一遍又一遍地对孩子发出嘘声,要他们安静,或者告诉他们,"我马上就好"。如果你没有真的这样做,那是不公平的,而且会让孩子认识到,抱怨是让你放下电话的唯一方法。

良好的电话礼仪的强化训练方法

呼叫全员

年龄范围:三岁及以上

很小的孩子发现电话是一个迷人的新鲜事物,毕竟,他们看见父母或者哥哥姐姐一直在打电话,这一点就很有吸引力。如果你有一部旧电话,就给你最小的孩子拿去玩。假装用它来给他们打电话,让他们熟悉拿着电话对着话筒说话。另一个让孩子练习通话技能的好方法是向亲戚们寻求帮助——他们通常比普罗大众更有耐心,乐于接受与你家孩子进行通话的机会,无论这种交谈会多么短促或者古怪。幼童练习得越多,他们就会越早喜欢打电话,成为可靠的电话应答者。

不好意思,拨错号码了

年龄范围:三岁及以上

这个游戏可以帮助你的孩子练习不小心拨错电话号码时该说什么。不,这不是一个打骚扰电话的许可("你的冰箱还在跑[1]吗?那赶紧抓住它呀!"仍然是一句经典的玩笑话),这是一种示范如何对错误做出正确反应的方式。使用玩具电话或者未连线的真电话,设定一个拨错电话的场景,你们可以一起表演,示范你想要孩子效仿的行为。轮流当电话拨打者和接听者。这个非常有趣的游戏极有可能是很傻的,但是你的孩子会记住当他犯错时该如何应对。

你说了算

年龄范围:五岁及以上

这个小游戏可以在任何时间、任何地点玩。给你的孩子

---

[1] 原文为 running,原意为运转,同时也有跑的意思。此处利用双关之意开玩笑。——译者注

设定一些通话的场景，问他们怎样才是正确的反应。例如："电话铃响了，妈妈在洗澡。你接了，是玛吉姑妈打来的。你该怎么和她说？"孩子们会喜欢找出解决问题的方法，你会惊讶地发现，他们能从此类游戏中吸取这么多东西。

以下是更多的场景：

- 你刚咬下一大口蛋糕，电话铃响了，你去接还是让答录机来接？
- 你接了电话，是一个电话销售员，让你订阅一份杂志。你会怎么做？

备忘清单

年龄范围：六岁及以上

有时候甚至稍大的孩子也会忘记自己的行为礼仪。在电话机旁贴上回应用语的建议清单，提醒大家该说些什么。例如，"你好，我是理查德。我可以和 _____ 说话吗？"可能会提醒你家的大孩子，在叫朋友听电话之前要自我介绍。只要把清单放在电话机旁，孩子们就可能记住它的内容。以下是关于备忘清单的其他构想：

- 我能带个口信吗?
- 请问您是哪位?
- 感谢来电。
- 等一下,我去叫我妈妈。
- 我爸爸现在没法接电话。
- 不好意思,我拨错号码了。

不打毫无准备的电话——通话脚本

年龄范围:八岁及以上

在大孩子打电话给不熟悉的人或者地方之前,帮助他们练习"脚本",这样他们就不会临阵怯场,等待救援。例如,如果你的孩子想给音像店打电话,看看是否有某部电影,你可以和他或者她做角色扮演,进行经典的对话。当你的孩子真正打电话时,这种练习可以为他们树立信心。当然,如果出现了意想不到的问题,或者事情搞混了,你可能需要接过电话,但是提前练习比起孩子们毫无准备地打电话更能避免这些情况的发生。这也是一个为电话留口信做准备的好游戏。

问与答

问: 我儿子打了个电话,有个成年人接了,他马上就慌了,问:"你是谁啊?"而不是报出姓名或者要求找他的朋友接电话。我怎样才能让他听起来不那么无礼呢?

答: 准备一份脚本,包括一些关键的短语,比如,"你好,我是_____。_____在吗?"或者"我可以和某某说话吗?"把纸条放在电话机旁边,这样他在打电话时就能参考。你也可以帮助他在打电话之前稍微演练一下,来强化他的礼仪。

问: 我如何帮助我的孩子应对其他孩子经常打来的那些不受欢迎的电话呢?我何时该介入?

答: 你是孩子的保护者,所以解决这个问题的最好方法就是立即介入,接过电话,为孩子挡驾。你只要接听全部电话就能控制局面。在这种情况下,把责任从孩子身上转移到你身上是很重要的,因为这些电话不受欢迎。

问: 我刚发现我儿子和他的朋友出于好玩给我们所有的邻居打了骚扰电话。除了对他们发飙（我已经这样做了）之外，最好怎样做才能让他们真正明白这种行为有多么无礼？

答: 你应该让他俩去跟邻居说自己干了些什么，并为自己的行为道歉。邻居们可能不知道是你的儿子和他的朋友打的电话，但是让孩子们告诉他们实情，这将有助于消除"骚扰电话无人知晓"这种想法，也会让他们看清自己的行为给别人带来了怎样的感受。你也应该和邻居们谈一下，讨论一下该说什么，让会面富有建设性。

问: 年纪要多小才不可以接电话？我经常给一个朋友打电话，她经常允许她三岁的孩子接电话。我不让自己三岁的孩子接电话，但是我在想是否应该让她接。有什么建议吗？

答: 七岁以下的幼童还不够可靠，不可以经常在无人监督的情况下接电话。他们还没有成长到能够记住传递口信，稳妥地记下谁打过电话，有什么事。应该让大一点的孩子接电话。即使是七岁的孩子也应该在成人的监督下接电话。

问： 我的女儿刚学会走路,她乱按电话,拨通了911。警察来了,我心烦意乱,尴尬万分。尽管发生了这件事,她仍然想要玩电话。我该怎么办?

答： 首先,祝贺你,你很显然在为人楷模方面做得很好,因为你的女儿通过试用电话来观察、学习你的行为,无论结果有多么糟糕。从孩子拨打911的所有故事中,可以看到每一个真正的紧急电话都能接通,这是令人惊讶的。所以你们不是第一个,当然也不会是最后一个不小心拨打911的家庭。不要责怪你的女儿,因为她只是在做她眼中你做的事情。不如给她买一个玩具电话,或者给她一个真正的(不连线的)电话让她玩,把那个有用的电话放在她够不到的地方。

期望清单

这一部分根据不同的年龄划分,可以用作你是否可以期望你的孩子在电话礼仪方面达到某个目标的快速参考。你要有较高的,但是并非不合理的期望目标,否则成功肯定会离你而去。请注意,这一部分基于非常普遍的成长阶段,为孩子们提供了大致的指导方针。你的孩子的成长进度可能有快有慢，因此他们的能力和下文所列项相比也可能有强有弱。

还要注意的是，当孩子们接近相应年龄范围的上限时，他们更可能熟练掌握下文中所列的技能。

学步至二十四个月，你可以期望孩子做以下事情：

- 他会对电话感到好奇，还喜欢别人通过电话和他说话。
- 他很可能不会回应，甚至连招呼都不会打。
- 他有可能会边通话边微笑。
- 他可能会拿起电话或者玩电话。
- 他会观察你的行为举止，然后试着效仿。

三岁至五岁，你可以期望孩子做以下事情：

- 他可能会尝试拿起电话，然后对着它说话。
- 他会用单音节词来回答问题，比如"是"和"不是"。
- 他对于拨电话号码或者记住号码没有概念，但是你应该开始教他，让他练习你们家的电话号码。

- 他还不能胜任接电话，因为他无法掌握传递口信或者深入探究所必需的技巧（例如，如果问他妈妈在不在，他可能会说不在，尽管她就在隔壁房间）。

六岁至七岁，你可以期望孩子做以下事情：

- 他想打电话的欲望越来越强，也会喜欢家人、朋友等的来电。
- 他会对通话的社交规则有更多的了解（例如，如果电话另一端的成年人要找他妈妈，他会去另一个房间找到妈妈）。

- 他无法可靠地写下口信或者记住谁打来过电话，只应该在这件事上信赖他：来电要一个大人接电话时马上会去找。
- 他将能够参与侧重回应的交流，并简要地介绍他的学校，他的一天，他的游戏，等等。
- 他可能会因为电脑游戏或者电视节目而分心，忘记自己在和他人通话。

八岁至十岁，你可以期望孩子做以下事情：

- 他将会有越来越多的朋友给他打电话，他也想给他们打。
- 他将能够更加合乎实际地记下口信，但是他记在哪里，或者对方说了什么，他们的记忆却和实际不同。为了避免此类情况，准备一个留言板，放在电话机旁。
- 他会与他人进行对话，而不只是回答问题。
- 他会更加专注于通话，不太可能因为其他事情而分心，但并非始终如此。
- 需要提醒他注意电话礼仪。

十一岁以上，你可以期望孩子做以下事情：

- 他会想要尽可能长时间地煲电话粥，那么就祝你好运啦！
- 他可能已经掌握了电话礼仪，但是仍然可能需要游戏来强化。

Chapter 5

第五章

派对礼仪：

邀请函、承诺，以及可怕的感谢信

本章所涵盖的基本礼仪：

- 发出与接受邀请
- 做一个好客人与好主人
- 遵守承诺
- 给予与接受礼物
- 写感谢信

现在是下午四点,派对结束了。最后一位客人手里拿着气球,沿着一路的蛋糕屑走出了前门,回家去了。总的来说,这场派对非常成功,皮纳塔[1]游戏后遍地狼藉,但是你的房主保险应该覆盖了大部分的损失。你难以相信你那小寿星的表现如此让你印象深刻:他彬彬有礼,行为举止完全符合一个好主人的标准。这是怎么回事呢?

不用给你的儿科医生打电话。你的孩子没毛病,这只是良好礼仪的一个极端例子。学习派对和玩伴聚会礼仪的基本知识,从发出邀请直到在朋友家里举止得当,可以对每个人在社交场合中的乐趣产生巨大的影响。本章提供了很多建议,帮助你教给孩子从头到尾当一个完美的主人或者客人所需要的礼仪知识。

---

[1] 皮纳塔(西班牙语:piñata),是一种纸糊的容器,其内装满糖果与玩具,于节庆或生日宴会上悬挂起来,让人用棍棒击打,打破时玩具与糖果会掉落下来。皮纳塔的造型多种多样,最常见的样子是小驴子。——译者注

基本原则

不管是邀请别人来家里玩几个小时还是和另一个家庭一起度过一个美妙的假期，一旦发出邀请并且被对方接受，双方就都作出了承诺。鼓励你的孩子，尤其是年纪较小的孩子，在发出邀请或者接受邀请之前要考虑清楚，因为他们如果突然决定要取消邀请，或者在最后一刻取消赴约计划，对方都会难以接受。

无论你的孩子是主人或者是客人，书中其他部分所讨论的所有礼仪都能起到作用。如果你的孩子有朋友来家里做客，或者他在别人家里做客，使用"请"和"谢谢"、见面与问候的技巧、餐桌礼仪以及对他人的尊重都是非常重要的。

如何为成功做好计划

- 检查即将开始的社交活动，预防可能出现的问题。例如，你的孩子是否有不想与人分享的玩具？把它们收起来。

- 如果孩子无法靠自己举办玩伴聚会,你就要安排一些活动。
- 如果你认为孩子无法兑现诺言,那就别让他接受邀请。

大孩子的父母请注意

你会发现,此处用来说明礼仪基本原则的大多数场景都是以小孩子为主,主要是因为学习适当的社交技巧永远不嫌早,而且永远不会太迟,此处概述的每项基本原则也适合大一点的孩子学习(加以调整之后),正如它们适合最小的孩子学习一样。即使你的孩子现在可能是在玩MP3而不是恐龙,举办派对请的是DJ(Disc Jockey,唱片骑师)而不是小丑,但随着年龄的增长,如何在社交场合举止得体是一项越来越重要的技能,而非越来越不重要。

非正式邀请

非正式邀请通常是口头上的，往往是由主事方发出的。你家那年幼的孩子何时可以自己发出邀请，你得为此立下规定。要求孩子在发出邀请之前一定要和你商量，并让你通过电话或者当面与另一位家长确认邀请细节，这是一个好主意。这样一来，如果你已经有了其他的安排，你就不会让孩子的朋友毫无征兆地出现在你的家中，也不会存在悬而未决的（或者尚未澄清的）细节，比如朋友何时要回家，他或者她如何回家等等。

大孩子可以自己解决细节，你始终应该知道如何联系朋友的父母，以备不时之需。同样地，如果你家的大孩子们要去朋友家，他们应该让你知晓他们去哪儿，和谁在一起，以及如何联系他们。

玩伴聚会礼仪

虽然你的孩子可能不会告诉你，他在朋友家里玩的时候做了些什么，但你可能想知道他的行为举止是否得体。以下是关于玩伴聚会礼仪的三条黄金法则：

- 当别人提议你吃点什么，或者给你什么东西时，说"请"和"谢谢"。
- 把玩过的玩具收拾好。
- 在你离开时，感谢你的朋友和他的父母邀请你去做客。

即使是最小的孩子做到这三条中的两条也不会太困难，要当一位乐于助人、彬彬有礼的客人，让自己的拜访给每个人带来快乐。为了帮助加深对黄金法则的理解，请参阅本章末尾关于加强良好的派对和玩乐礼仪的活动和设想。还要记住，加强这些基本礼仪的最好方法就是在家里练习。

设立家长公约

刚开始可能会让你觉得尴尬，但是和其他家长讨论一下他们的家规是很重要的，从什么是合适的语言，到他们让孩子们看什么类型的电影。与孩子朋友的父母聊聊，并就如何加强基本的礼仪达成共识，比如说"请"和"谢谢"，收拾玩具，行为得当，等等。对于大一点的孩子，和其他家长聊聊这类事情，比如什么类型的电影适合你家孩子们看。宁愿冒被人看作"缺乏自信"的风险，也比不负责任要好。

不请自来

让你的孩子了解，得到上一个朋友家做客邀请的最好、最有礼貌的方式就是邀请那位朋友到你家来做客。别无他法：不请自来地去别人家做客，无论你多么想去，都是不礼貌的。向你的孩子解释，这一次邀请那个朋友来你家来做客，很可能会在将来得到同样的邀请。

大孩子的黄金法则

随着孩子们渐渐长大,黄金法则清单会变得复杂一些。除了以上三点之外,大孩子还应该记住,当他们去朋友家做客时,他们不是付了钱去住酒店。这就意味着,如果周围有几个孩子或者弟弟妹妹,就要主动帮忙洗碗。别人在做事时,要主动帮忙,活动时要邀请别人加入。当孩子们来你家的时候,你也可以有同样的要求,而且你应该说清楚,让大家要遵守你的家规。同样,当你的孩子在别人家里时,他们也应该遵守那户人家的家规。如果某件事在自己家里做(或看,或说,或玩)不合适,在别人家里可能也不合适。

苏茜能来咱们家过夜吗?

你可能会遇到这样的情况:你的孩子问她请来的朋友是否可以留下来吃晚饭或者过夜,通常情况下,她的朋友就站在她身边。有很多理由促使你必须(或者想要)说"不",但是当着朋友的面陷入"拜托了,拜托了,拜托了"大战实在非常难堪。在发生这种事情之前要向你的孩子说明,如果她想邀请朋友在家里过夜或者吃饭,她应该要先私下问你,然后根据你的答复向她的朋友发出邀请。如果她的朋友就站在那儿,提醒孩子这是你和她需要私下讨论的问题,你此刻无法给她答复。

发出正式邀请

更加正式的邀请,如生日派对或其他特殊场合的邀请函,通常都是书面的,以邮寄的方式发的。邀请函应该包括活动事项、日期、时间和地点，以及用于回复的电话号码。孩子到了某个年纪，如果书面邀请函会让他们非常难为情，打电话或者当面邀请也是可以的，只要是在你知情并且同意的情况下发出的就行。

重要的是，孩子们要记住，如果他们要举办一个派对，但是并没有邀请所有人，他们不应当在学校里发书面邀请函或者花很多时间和别人谈论这次派对。只有每个人都受到邀请的情况下才适合在学校里分发派对请柬，否则的话就要使用另一种更加私密的方法。另一种选择是在学校举行庆祝活动，每个人都包括在内。这样做，你的孩子就可以谈论自己的庆典并为之兴高采烈，而不用冒冷落任何人的风险。

接受邀请、遵守承诺

当某人收到一份正式的邀请函时，用某种方式进行回复是礼貌之举，可以通过电话、电子邮件或者便条，即使邀请函并没有明确要求回复。这有助于主人按人数进行安排，能让一次有趣的睡衣派对有别于午夜狂欢。如果一份邀请函上明确写道："若不能出席请回复"，那么只有在你的孩子不能参加的情况下，你才需要打电话。

一旦接受邀请，你的孩子就对邀请者做出了承诺。鼓励孩子把这个承诺视为自己将会履行兑现的诺言，不管是否出现更好的机会。当然，在一个阳光明媚的春日下午，比起与一个科学伙伴一道做学校课题，一份骑山地车的邀请要有趣得多，但是学会接受决定和信守诺言是一门重要且必要的人生课程。

如果收到另一个邀请，你需要决定违背承诺是否合适，但是在大多数情况下，你应该强烈阻止他这样做。为了另外

一个社交承诺而违背先前的社交承诺，对第一个邀请者是一种伤害，而且不管你怎么看待，都显然是无礼之举。

都请或者都不请

小孩子的父母经常会陷入这样的两难境地：孩子想邀请全班同学参加自己的聚会，或者更糟的是，除了一两个同学之外的所有人。你怎么办？留意孩子和他的同学的年龄。一种方法是邀请和你孩子同岁的孩子，尤其是在他们六岁或者更小的时候。随着孩子年龄的增长，他们通常会形成一群自己想要邀请的核心朋友，而不是整个班级。即便如此，你也可能希望对获准参加派对以及其他社交活动的朋友数量加以限制，这有助于完全避免这个问题。如果你检查了拟定的客人名单，发现除了几个孩子之外，全班的孩子都受到了邀请，要考虑那些被排除在外的孩子的感受，把他们加入名单。

当一个好客人

作为客人的派对礼仪应该遵循和玩伴聚会相同的黄金法则:你的孩子应该说"请"和"谢谢",帮忙收拾自己玩过的玩具,并且感谢主人邀请他们。总的来说,一个好办法是,在孩子去参加派对之前,简要地讨论一下你对他们的行为有何要求,或者快速地提醒他们三条黄金法则,这样他们就会知道你对他们在派对上有何要求。

对于年幼的孩子,当一位派对客人最困难的一点是,全部礼物都是给另外一个人的。在去派对之前向他们解释,他们带去的礼物是给某个特定朋友的,此举有助于减轻他们看到礼物被别人打开时的痛苦。

到了拆开礼物的时候,客人们应该持袖手旁观的态度,他们不应该碰触礼物,该让主人拆开礼物。对于最小的孩子来说,这件事可能非常令人难受。你可能会发现,当主人拆礼物的时候,他的客人们会挤得越来越近,盯着他看,伸手帮忙,到了最后,主人被一群朋友团团围住,透不过气来。避免这种情况的一种方法是在小寿星周围设一个"魔法圈",

宣布当主人翁拆礼物时,每个人都需要待在魔法圈之外,这样他们每个人都能看得清楚,并且乐在其中。

对于大一点的孩子,当一位好客人包含了更多巧妙的良好举止。受邀参加同一个活动的孩子很可能不是好朋友。鼓励你的孩子把自己与同龄人之间的差异放在一边,并向他们解释,当他们受邀参加派对时,他们的责任是要对所有其他客人亲切以待,友好相处,而不是只对他们最喜欢的人如此。

大多数孩子都能毫不费力地做到这一点，这样一来每个人都会觉得活动很有意思。

当一个好主人

当一个好客人的规则相对简单，当一个小主人的规则可能更加复杂。他不仅必须分享他所拥有的每件东西，而且兴奋的尺度也很难把握。让你的孩子为主人的角色做好准备是个好主意。让他按照你所计划的流程重温一遍活动安排，并和他说清楚你对他在派对中的行为举止有何要求，这样他就为将要发生的事情做好了准备。

一起为可能出现的争端设计解决方案也是一个好主意。有的年幼的孩子有一些不想与他人分享的特殊玩具，即使是脾气最平和的孩子，当很多别的孩子侵犯他的个人空间和物品时，也可能表现出保护欲或占有欲。提前和你的孩子聊聊，有哪些特别的东西他想在派对开始前收起来，这样一来，发生此类冲突的可能性就会降到最低。也要讨论一下派对期间家里哪些地方禁止进入，这样他就不会受到诱惑，带着他的快乐的小捣蛋们闯入禁区了。

如何为成功做好计划

尽量事先检查出派对上可能出现的问题,并且尽量在社交活动开始前予以解决,这是一个好主意。这将有助于你避免派对期间发生小意外,让活动进行得更加顺利。以下是一些值得考虑的事项:

- 划定房子里的禁区
- 重温家规,比如禁止奔跑,禁止在床上蹦跳
- 让参加者将注意力集中在派对上
- 制定活动时间表并严格按其执行
- 如果所有方法都不奏效,把他们赶出去

虽然幼小的孩子在派对上的意识和做派都可能像娇生惯养的皇室成员——毕竟这一切都是围绕着他们的,但是随着孩子们长大,他们作为主人的职责就从受人照顾转化为照顾他人。大孩子应该发挥积极的作用,让在场的所有宾客喜笑颜开。对待所有客人他都应当同样彬彬有礼,让每个人都参

与每一项活动中，以避免在朋友和熟人中间产生感情伤害。作为一次派对（以及一大堆工作）的主人会压力很大，你需要知道该何时介入来帮助孩子，同时不给人造成接管全局的印象。在派对开始之前和你的大孩子谈谈，看看他是否需要你的帮助，何时需要你的帮助，以及究竟哪件事他可能想让你做。

还要记住，尽管你对完美派对的设想可能与实际情况有所出入，但孩子们并不会注意到。扪心自问：你的孩子哪次参加完生日派对回来后说他们玩得不开心？

接受礼物

教导你的孩子有礼貌地接受礼物和有礼貌地赠予礼物一样重要，这是至关重要的。当你的孩子收到一份礼物时，他或者她应该感谢赠送者，拆开礼物，说一些热情或者肯定的话语，比如，"多好的礼物啊"，不管是否真的感觉如此。这不是教你的孩子撒谎——这是教育你的孩子接受赠送者（或者父母）以礼物的形式所表达的美好祝愿。小孩子经常会拆开礼物，然后说，"我不喜欢这个"或者"我已经有一个了"。你不能责怪他们的诚实，但是当面说出负面评价会伤害送礼者的感情，无论其年龄大小。帮助孩子想出一些正面的回复，在他或者她收到不喜欢的礼物的时候使用。

你花多少钱买的

送礼和收礼时经常会出现的另一个问题是关于礼物值多少钱的讨论。孩子们在六岁左右开始对礼物的价钱着迷，他们可能会询问，也可能会宣布，他们拆开的或者送人的礼物值多少钱。要避免把生日派对转变成《古董巡回秀》节目中一段超现实小插曲："这个游戏机通常要卖500美元，但我妈妈打折买来才1.79美元。"让你的孩子知道，关于礼物和其他物品的价钱讨论最好是留给家人，不要公开谈论。

离开派对

派对结束后，主人应该感谢每位客人的光临，并再次感谢他们赠送的礼物。而客人也应该感谢主人的邀请。感谢一下主人的父母也是很好的，因为毫无疑问，他们比主人本人更应当感谢。

"请"和"谢谢你"对于社交场合取得成功大有帮助,而在离开派对时运用良好的礼仪会给人留下持久而深刻的印象。

感谢信

孩子们(以及成人们)最害怕的事情莫过于写感谢信了。对许多父母来说,他们可能有理由觉得这件事太过麻烦,得不偿失。但是它们是值得的——感谢信不仅是帮助你的孩子与送礼者建立联系的一种方式,在很多情况下,它们通常是送礼者得知孩子收到礼物的唯一方式。

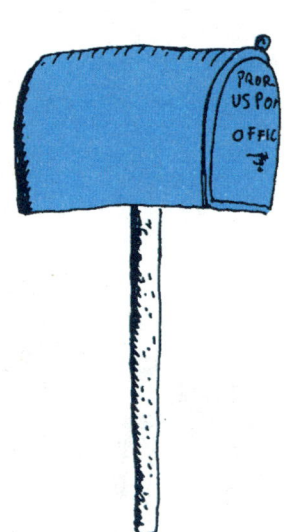

按照传统,感谢信是写在纸上并且通过邮寄发送的。然而,在电脑上写感谢信也是一个可行的选择。尽管传统的礼仪专家们很可能一想到这一点就脸色苍白,但是在电脑上写好一封感谢信,然后打印出来寄出去,或者通过电子邮件发给送礼者都是不错的选择,而且肯定比没有答谢要好。

如果你和你的孩子能让写感谢信的过程变得有趣，其中的许多枯燥乏味就能得到避免。最好的方法是提前做一些准备——确保你的孩子在开始之前有信纸、钢笔、邮票和信封，或者如果他们打算通过电子邮件发送感谢信，要有一份准确的电子邮箱地址清单。分几次写完所有的感谢信也是一个好主意，尤其是在你的孩子有很多人要感谢的情况下。为撰写感谢信制定一个可行的时间表：一天一到两封，这样看起来就不会那么令人生畏了。为了摆脱撰写感谢信的无聊，请参阅前文获取方法。

良好的派对礼仪的强化训练方法

"谢谢你的 _____"

年龄范围：三岁及以上

这个游戏的目的是让孩子们想出在接受礼物时该作的合适的、肯定的回应。每个人在一张纸上写下三种物品，越有趣越好。记住，在游戏开始前，要说明禁止使用厕所语言，否则你会看到一半的纸条上写着"沾屎的尿布"或其他不合适的东西。每个人轮流从帽子里抽出一张纸条,然后对"礼物"想出一句回应。例如,如果有人写了"一只旧鞋子",收礼者收到一只旧鞋子的时候会有礼貌地回应,比如,"哦,旧鞋子!这和我去年在泥坑里弄掉的另一只能完全配对!"这个游戏有点傻,但很有趣,它能帮助你的孩子学会在收到不太喜欢的礼物的时候保持风度。

"请"与"谢谢"化解冰冻

年龄范围:三岁至八岁

这个游戏的目的是帮助孩子们自动地说"请"和"谢谢"。虽然这可能需要许多个回合的"冰冻"才能持之以恒,但是这个游戏是一种有趣的方法,用于幼小的孩子开始学习并且记住"请"和"谢谢"是他们得到想要的东西的方式。这在就餐时尤其有效。

告诉你的孩子,你被咒语"冻住了",能听到他们的任何请求的唯一方法就是用"请"和"谢谢"。通常,孩子们会记得用几次"请"和"谢谢",然后就会分心、会忘记,直到看见你不理睬他们,被"冰冻住了"。孩子们喜欢这个游戏,你也会喜欢他们如何努力记住要礼貌行事。

魔法圈
年龄范围:五岁及以下

这项活动适用于拆礼物的时刻,也同样适用于某个特殊场合,孩子被来自同伴的关注压得有点喘不过气来的时候。停止所有活动,宣布小主人已经被施了魔法。他的周围有一个魔法圈,过了一定时间之后(或者待他准备再次被人群包围时),别人才可以踏入这个圈子。这样,主人才有机会拆开礼物或者得到一些喘息的空间。

"好客人/好主人"海报
年龄范围:六岁及以下

幼儿喜欢了解规则(并且监督周边的每个人)。在你的孩子举办派对之前,帮助他或者她制作一张海报,在上面列出好客人和好主人的行为清单。你帮忙写字,并让他或者她以自己希望的任何方式加以装饰。你也可以将它保留到客人到来时，给他们看，这样每个人都会知道这个派对的规则是怎样的。

清扫比赛

年龄范围：六岁及以下

这个游戏有两个目的：一是向你的孩子和他的客人强调，当一个好客人在朋友家玩的时候，他会帮忙打扫；二是把你家里的玩具快速收拾干净。如果你的孩子有朋友来家里玩，当他差不多要离开的时候，来一场整理挑战赛。你给他们三十秒的时间，轮流整理，看谁能在规定的时间内整理最多的玩具。他们每次都会上当。

让写感谢信更有趣、少费劲的妙招

以下是可以减轻写感谢信的压力的另外一些建议：
- 用不同颜色的纸、笔和装饰品，比如贴纸和闪光片，可以用来打破单调。
- 帮助你的孩子制作自己的信纸，用饼干切刀裁出各种形状。
- 将写信变成一场派对——吃点零食，放点音乐，你自己也参加。在通常情况下，如果有父母在身边监督孩子，并且最好参与其中，孩子们就会干得更好。
- 帮他们写一封作为模板的感谢信供他们参考，这样他们就不必每次都重新构思这封信。
- 建议他们在感谢信中写上请收件人回信。孩子们喜欢收到信，大多数成年人也愿意助人为乐。
- 在电脑上用基本剪贴画或者图像处理软件设计个性化的感谢信。

说得好听点

假设你是一个九岁的孩子，正在拆开收到的礼物。目前为止，你收到的都是袜子和内衣，虽然你想要表现得有礼貌，说些好话，但你已经江郎才尽了。与其第六遍地说："噢，多么好的礼物！"倒不如试一下以下同样客气、诚恳而且正面的回应：
- "这颜色真好看。"
- "这些袜子我穿起来一定很暖和。"
- "妈妈，我真的需要更多的内裤，不是吗？"

　　如果以上所有都不行，而你想不出什么别的话来，那就说"谢谢你想到我"，这句话永远行得通。

问与答

问： 我女儿有时会在去玩伴聚会前"临阵退缩"，我发现自己面临要么强迫她违背自己的意愿去参加，要么最后一分钟取消赴约。最好的方法是什么？我们应该干脆拒绝所有的邀约吗？

答： 一步步来是关键。变换环境可能有点难，不得不在一个全新的、陌生的或者不同的环境中消磨时间也会导致焦虑。

把参加玩伴聚会变成一个游戏。让女儿在自己家和另一个孩子的家之间找到相似之处。慢慢来，先安排一次30分钟的短暂聚会，到时离开，然后逐渐增加去做客的时间。如果你的女儿在第一次的30分钟内就无法放松，考虑缩短她下次参加玩伴聚会的时间。

问： 我儿子最要好的朋友行为举止非常糟糕，我很怕让他来我家。他的不良举止不仅令我不快，而且也让我为教育儿子良好礼仪所付出的努力付诸东流。

答： 做出良好举止的示范，强调你希望你的家庭成员应当如何有礼貌，始终是恰当的做法。你可以设计一个观察别人不良举止的游戏，让孩子告诉你在这种情况下正确的举止该是怎样的。建议他们也提醒自己的朋友。而且，大多数父母都有一种"家规"观念，据此观念，家规就是针对身在家中的每个人的规矩，不管他们是家庭成员还是客人。与前来做客的孩子的父母达成共识，你会留意他们孩子的举止，并且请他们也监督一下你的孩子。

问： 我们家的一位朋友送给我女儿一份她不喜欢的礼物。她拆开的时候非常有风度，但是后来告诉我她不喜欢。我们拿它换了她喜欢的东西。这位朋友最近问她是否喜欢这份礼物。应该如何做出恰当的回应？

答： 在这种情况下，你应该为你的女儿作掩护：你当然不想教你的女儿说谎，可是她似乎别无选择。而你也不想伤害你朋友的感情。你应该带头，向朋友解释一下交换礼物的情况，让她知道你女儿很感谢她购买礼物的心意。

期望清单

这一部分根据不同的年龄划分，可以用作你是否可以期望你的孩子在玩伴聚会和派对礼仪方面达到某个目标的快速参考。你要有较高的，但是并非不合理的期望目标，否则成功肯定会离你而去。请注意，这一部分基于非常普遍的成长阶段，为孩子们提供了大致的指导方针。你的孩子的成长进度可能有快有慢，因此他们的能力和下文相比也可能有强有弱。

还要注意的是，当孩子们接近相应年龄范围的上限时，他们更可能熟练掌握下文所列的技能。

学步至二十四个月，你可以期望孩子做以下事情：

- 他只会玩平行游戏，没有真正的社交互动。
- 他不大可能与人分享，也不会与人交谈。
- 参加派对和玩伴聚会时，他会需要一个家长或者看护者的陪伴。
- 在这样一种派对上他的反应最佳：每个孩子都有礼物，大人负责打开礼物。

三岁至五岁，你可以期望孩子做以下事情：

- 他会和一小群孩子相处得很好，通常少于六人是一个理想的人数。
- 他不一定愿意分享，即使别人愿意分享。
- 他会以任务为导向，对于这个年龄的孩子，为玩伴聚会安排明确的、计划好的活动是很好的。
- 他最有可能喜欢（并且能够适应）一次非常有条理的派对，有固定的游戏和限定的时间（不超过两个小时）。

- 他在派对上需要一位家长或者看护者的陪伴。
- 你需要提醒他,你对于他在整个派对上或玩伴聚会上的表现有何要求(例如,当他坐下来吃蛋糕和冰激凌时,你希望他怎样做)。
- 收到礼物时,他能感谢和拥抱家庭成员,但是会需要提示。
- 他不会写感谢信,但是你应该代他写一封,并附上一幅画或者自己的签名,无论多么笨拙幼稚。
- 他能够在提醒之后说"再见"。

六岁至七岁,你可以期望孩子做以下事情:

- 他会有更强的分享能力,也会对别人的礼物更感兴趣。
- 他会说"谢谢",而无须频繁的提示。
- 在派对上,他会因为游戏和礼物而兴奋不已,如果你不提醒他,他很可能会忘记要举止得当。
- 在他人帮助下,他能够打电话回复邀请。
- 由于精细运动技能有待提高,他可能不会写感谢信,但可以口授给你(或者与你一起在电脑上写)。

- 他可能会喜欢主题派对（例如溜冰、游泳等主题等）。

八岁至十岁，你可以期望孩子做以下事情：

- 无须你的帮助，他也能写简短的感谢信。
- 他很可能已经学会分享，不但喜欢得到，也一样喜欢给予（特别是九岁以后）。
- 尽管主题派对仍然是个好主意，但是在派对上，他会更喜欢少一些条条框框，喜欢分享与互动的游戏。
- 在这个年纪，他通常会选择同性的派对和玩伴聚会，但也不总是如此。
- 他可能会区分朋友和熟人，会对邀请谁来参加派对和玩伴聚会有着强烈的意愿。限制同龄人的数量，让他决定邀请谁，这是个好主意。

十一岁以上，你可以期望孩子做以下事情：

- 他很可能想要提出自己的派对设想和计划。
- 他在选择客人，邀请客人，自己回复邀请方面的能力会更强。
- 他的行为举止和能力会让你们双方感到足够满意,无须你的帮助他就可以自己举办派对。

Chapter 6

第六章

旅行礼仪：

别踢我的座位！

本章所涵盖的基本礼仪：

- 穿过人群
- 在公共场所和拥挤的地方行为举止得当
- 在餐厅以及他人家中就餐
- 与同行者聊天

还记得你在为人父母前的那趟飞行吗?在长达七小时的旅途中,坐在后座的那个孩子一直在踢你的座椅靠背,而他的哥哥和姐姐为了一本电子跟唱书吵得不可开交,直到电池幸运地没电了。你花了好几天的时间才把《这毕竟是个小世界》这首歌从脑海中抹去,并宣布你永远不会有孩子——如

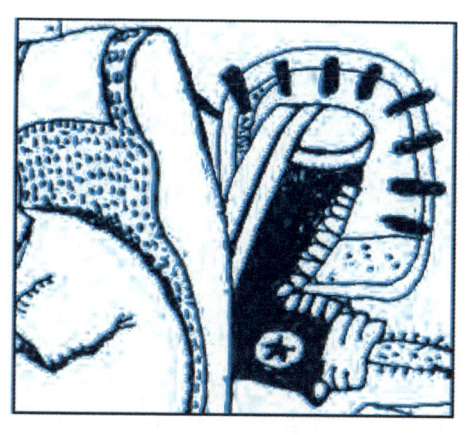

果你有的话，他们肯定不会表现得那么糟糕。

但是，现在轮到你了！你正打算带着自己的孩子去旅行，然而并不想换个角色再体验一次那样的经历。来个深呼吸。和孩子们一起旅行并不一定意味着你要花几个小时为他们的不良举止向人道歉，或者担心你们谁会先崩溃，是你还是他们。本章涵盖了良好的旅行礼仪的基本知识，包括在公共场所的礼仪，从针对其他旅行者的普通礼节到恰当的餐厅礼仪。因此，在精心的计划以及若干行前训练的帮助下，带孩子旅行会成为一件让你翘首以待而不必提心吊胆的事情。

基本原则

良好的旅行礼仪最重要的方面是尊重他人，包括他们的私人空间、财产以及隐私。在公共场所，包括机场、火车站、商店、博物馆和酒店大堂，孩子们应该表现得像在某人的家中做客一样，哪怕这户人家还提供了飞往所有主要城市的航班和常客里程。

如何为成功做好计划

　　帮助你的孩子使用良好的旅行礼仪的最佳方法之一就是让他们提前为旅行做好准备——不仅要更多地了解你们要去哪儿，要做什么，还要了解旅行本身。向孩子解释你们将如何旅行，他们能从旅行中得到什么，以及你对他们有何期望。就像他们喜欢惊喜一样，孩子们也喜欢知道即将发生什么。让他们为闲暇时间做好准备，比如在机场停留、在酒店办理入住时，此时他们将会需要适当的自娱自乐。一起开动脑筋想出一些合适的活动。准备一些能让他们忙活却无须你太多介入的活动是很重要的，尤其是当你要处理旅行中的其他事宜或者应付其他孩子的时候。

等候区及其他公共站点

就像一个好的客人会在客厅或家庭娱乐室安静地休息,享受在别人家里的时光一样,孩子们也应该把机场、火车站或其他公共站点作为安静活动的场所,比如阅读、聊天或听音乐。无论年龄大小,孩子们都不适合在任何公共等候区玩捉人游戏、摔跤或者跳越座位。鼓励孩子们找个座位坐下。你们可以一起玩一个安静的游戏,或者,如果他们似乎实在静不下来,带他们走一走,来一次探险。

虽然"休息室"[1]这个词经常用来描述等候区,但你的孩子不应该照字面意思理解。十几岁的孩子尤其会觉得坐在椅子上非常难受,常常喜欢让身体滑下来,直到腿伸到过道中间,脑袋快要落到座位上。这让其他旅客很难拉着行李绕过他们。

所有年龄段的旅客在等候区都应该遵守一般的礼节。如果等候区已经人满为患了,行李应该整齐地堆放在旅客座位旁的地上,而不能放在旅客旁边的座位上。如果座位不够,

---

[1] 原文 lounge,本意是闲逛。

任何人都不应该占一个以上的座位。你是在和陌生人共享空间，所以要考虑周全。

如果你的孩子在听音乐或玩掌上游戏，音量应该小到不会打扰他人。如果你能隔着孩子的耳机听到音乐，那就太响了。这同样适用于手机，在不到一英尺的距离内进行的通话很难不被人听到。所以如果你的孩子需要在上飞机或者火车之前给挚爱的人打最后一个私密电话，他们应该找一个安静的角落，在那儿打。在这方面，你可以树立一个好榜样！

在旅途中

不管是哪种旅行方式，座位都是又小又窄的，完全陌生的人们紧挨着坐在一起。对孩子们（以及其他所有人）来说，安静地坐在座位上，面向前方，记住别晃动双腿或者踢前面的座位，这很重要。如果你从经验中得知这可能是一个问题，一个解决办法就是在前座靠背上贴一张孩子画的图画，用来提醒他或者她别踢。这通常能让年幼的孩子记住。

如果一起旅行的孩子不止一个，就可能发生争吵和太多的傻事，或者为了得到靠窗座位而打架。尽可能地把孩子隔开是个好主意。尽管他们抗议说,他们从未想要调皮捣蛋,可是当你还是个孩子的时候,旅行的新鲜感很快就会消失,任何消遣都是好玩的。

　　提醒你的孩子,良好的旅行礼仪也包括管好自己的手。尽管火车和飞机上数不清的按钮和操纵杆可能都很有趣,也很好玩,但是屡次呼叫空乘人员,反复开关空调或者照明灯,或者一次又一次地把座位向后仰再调直,这些都是不为周边的人着想的行为。孩子们喜欢探索新的环境,这样做对他们来说是可贵的,也是自然的。利用早登机的特权,让孩子检查自己的座位、按钮和操纵杆,这样他们就有机会看到它们如何运作,有什么用途。

　　如果孩子坐在陌生的成人旁边,他们应该知道,如果他们不愿意,或者成人不感兴趣的话,在整个旅程中他们都不需要和这位成人交谈。你必须时刻了解情况,尤其是当你带着年幼的孩子旅行时(他们不知道可爱与讨厌之间的微妙界限),或者当你感到孩子不舒服的时候。

带学步娃旅行：墨菲定律在行动

你可能会发现，尽管你做了精心的计划和准备，你那学步娃或者幼童不会安静地坐着，当然也不会玩那些安静的游戏，或者表现得像你热切期盼的那样乖巧。旅行对每个人来说都是有压力的，年幼的孩子可能会向周围的每个人大声抱怨，因为他们有能力这样做。所以要毫不犹豫地进行干预，把注意力集中到孩子身上。准备好饮料和美味的食物，毕竟，谁会在脱水或者饥饿时表现良好呢？如果你的孩子在完全崩溃的过程中螺旋般下降，站起来走一走可以打破这个循环，也可以分散孩子的注意力。指望一个很小的孩子长时间坐着不动是不合情理的。

旅行游戏——让孩子们保持安静

虽然旅行游戏可以让最长的旅程过得更快,但是孩子们应该避免那些一开始很有趣,但很快就会变得无聊的游戏。你和孩子们应该在出行前列一份活动与游戏的清单,当旅行变得无趣、孩子开始坐立不安时开始玩。而且你们应该讨论哪些游戏是合适的,哪些是不合适的。例如,"石头、剪刀、布","真心话大冒险","大叔游戏"在旅行游戏中就是失败者,而"我看见"、"井字游戏"和"拼字游戏GHOST"游戏通常能让所有人都心情愉快、远离暴力。

不惜一切代价:贿赂和奖励造就安静之旅

你可以称之为贿赂,但是让你的孩子们知道旅途中的良好举止意味着有形的回报,这是一种巨大的激励。让旅行过得更快,让孩子们安静地、快乐地坐一会儿的一个绝妙方法就是设计一个特殊的旅行包,里面装着他们可以在旅行中的指定时间打开的惊喜。像书、便笺簿、记号笔、贴纸和其他低科技含量的玩具,这类东西加上一些活动,可以用来把旅程分成几段,让孩子们有东西可以期待,也让他们安安静静地忙碌着。

照我说的做,不要学他们的样

当你在劳心费神地教给孩子们良好的旅行礼仪时,成年世界里的其他人用几堂课就能搞定。不可避免地,你和孩子们会遇到粗鲁的旅行者,孩子们很可能会想,为什么自己要遵守一套周围很多人显然都不遵循的标准呢?向你的孩子解释,通过举止得体,他们可以为周围的成年人树立榜样。

从此地到彼地

除了航班延误,没有什么比在拥挤的机场里、火车站里或城市街道上从此处赶往彼处更加容易引发旅途怒火了。重要的是教育孩子不仅要保持移动,还要教他们如何在拥挤的地方保持移动。好比水以稳定的速度移动时流得最顺畅,在边缘处它会打旋汇积、流速减慢或者遇上障碍;当人们在主

通道保持稳定的步速行进时人流从一处到另一处的移动最顺畅，在边上走速度就会减慢，甚至停下。

走过拥挤的机场、繁忙的街道或者市场时，孩子们应该和父母在一道，以同样的、稳定的步速行进。如果你的孩子需要调整一下背包、系下鞋带、拍张照片，或者只是喘口气，那就站到人流的一边，避开其他匆忙的旅客，而不是在行走当中突然停下来。疲于奔命的旅行者往往既无耐心也不宽容，而一个快赶不上去凤凰城航班的生意人不会在意你的孩子为什么停下来，只会在意有个孩子停在了走道中间，而且他不会为此感到高兴。

还要记住，你们不是一支行进乐队。即使只是三人并排走在拥挤的城市街道上或者机场候机楼里，也会给他人带来不便，是不为他人考虑的做法。尤其是行走者还边走边谈话，速度比人流慢时，或者他们每走几英尺就停下来欣赏一下周围景观的时候。如果你的家人是一大群人，那就结对而行，这样在拥挤的人群中穿行会比挤成一团走更容易。如果你担心走散，设法穿同样的衣服，比如穿鲜艳的T恤或戴同样的帽子。你可能会觉得有点傻，但这样你们就会很显眼。

鼓励你的孩子注意周围的交通，随着人流走，要为他人着想。如果有景点要看，或者要停一下，那就走到旁边去。

公共场所

当你和你的孩子在商店、博物馆或者其他需要你们作为一个群体一起行动的公共场所时，记住让你的孩子，尤其是年幼的孩子，留在近旁是很重要的。对于父母和孩子来说，在一个陌生的地方走散是非常可怕的经历。如果你们位于一家博物馆或者一个场所，你们这一队人需要分开来去看不同的展览，商定一个共同的地点和确定的时间会合，互相确认是否已到。向孩子指明问讯处在哪里以及如何找到问讯处，这样就算他们和你走散了，也就知道该去哪里了。

提醒你的孩子，除了在公园、游乐场或者专用场所之外，在其他地方玩捉迷藏、捉人游戏或者其他活动性游戏都是绝不合适的。**如果孩子告诉你该走了，那大概就是该走了，哪怕你还没有准备走**。教育你的孩子尊重他人权利的一部分就是你自己要以身作则。如果你有年幼的孩子，限制一次活动中的游戏或者任务的数量是一个好主意，这样你就可以完全避免这个问题。

还要记住，活动要与孩子的年龄和兴趣相称。就像你不想花整个下午的时间在游戏厅里一样,你那七岁的孩子也不会因为有可能在艺术博物馆待上几个小时或者花几个小时去买衣服而兴奋不已。许多博物馆和画廊都有专门针对孩子的低成本或者免费的活动以及参观项目,或者你也可以创建自己的特定场地活动,让孩子们感兴趣并且吸引他们参加。妥协会让你的旅行充满乐趣,富有价值。

在外就餐

旅行的乐趣之一就是每顿外出就餐的新奇感。然而,新事物带来的是责任:无论你的孩子是在一家异国餐厅吃饭,在别人家里吃饭,还是停下来吃份快餐,他们都应该把许多精力放在正确的餐桌礼仪上。你在家里帮助他们学习良好的餐桌礼仪(见第一章)所付出的一切努力将在你们外出就餐

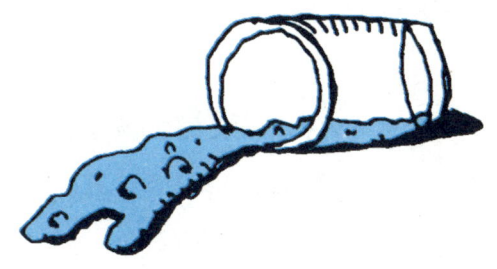

时发挥作用。可以把在外就餐看作是你为之训练一整年的大型比赛，或者是你夜复一夜所排练的大型演出的开场表演。大多数孩子都会成功地应付自如。

如果你们来到一个地方，你的孩子对当地的食物不熟悉，鼓励他们灵活而开放地尝试新菜式。然而，让你的要求切合实际：仅仅因为这家餐厅的招牌菜是鳗鱼冻，并不意味着你的孩子马上就会埋头猛吃。他们会同时需要熟悉的食物和新奇的美食来保持一种舒适和陌生的平衡。为了让他们在旅途中体验新食物做好准备的一个好方法就是在家里先尝试。如果可能的话，做一些类似菜肴或者在孩子已经熟悉的菜肴中采用一些你们将去之地常见的食材，这样他们就能提前接触到新食物。

缩短等候时间

如果你选择的餐厅接受预订，那么就先行预订，准时到达，这样你们就可以立即就座。如果你们要去的餐厅有"等位名单",并且接受电话等位,那么在你们到达之前就把你们一家人列入名单,你们就不用在入口处站半个小时了。在你们等到桌位之前就耗尽了孩子们的耐心那真的是太丢人了。你还可以提高点餐的效率,尤其是当你的孩子还很小或者你感到他们的饥饿感超出了耐心的极限时,你可以在服务生过来点饮料时就为他们点餐。这样做,可能会让你们的晚餐显得有点仓促,但享受一顿快速的晚餐总比忍受一顿漫长的晚餐要好。

在餐厅就餐

许多家长都认为,让自己的小孩在餐厅里闲逛、在餐桌间玩耍,搭讪其他就餐者是件很可爱的事。这并不可爱,这就是人们要雇用临时保姆的原因。除非你在一个有游乐车道和攀爬隧道的餐厅里吃饭,否则你的孩子应该一直留在你身边,坐在你的桌旁,受你监督(更多的餐桌礼仪请详见第一章)。

你在教育孩子良好礼仪时的部分责任就是让这个过程更加便利。在你们跨入餐厅大门之前,和孩子们就你希望他们在用餐时如何表现制定一些基本规则。要具体一点:让他们知道哪些行为算是值得奖励(比如吃到甜点)的礼貌举止,哪些不能算。有一个有趣的方法能让他们思考如何表现出自己的最佳举止,就是问每个孩子在吃饭时他或者她将专注于哪项具体技能。你可以把它变成一场比赛,让他们知道你会看谁做得最好。你可以给获胜者一个小奖励,比如在回家的路上坐在汽车的主座上,选择次日家里晚餐的食物,或者选择下次外出时的餐厅。

警告:疲惫和饥饿让孩子成为糟糕的旅行者

要记住,任意年龄段的孩子在疲劳、饥饿或者两者皆有时,都不是好对付的。即使你觉得可以等"一小会儿"再停下来吃点东西或者休息一下,也别这样做。在每个人都完全失去冷静之前补充能量、恢复元气,要好过事后控制伤害。随身携带小包装的饼干或者其他易携带的零食,当你意识到反抗正在酝酿时分发出去。这将有助于保持每个人的能量水平,你们会更加享受这次经历。

"Pommes frites, s'il vous plait." [1]

如果你们在国外,你的孩子已经学会了一些当地语言,鼓励他们在餐厅里使用,点餐是最简单的

---

[1] 法语:"请给我炸薯条。"——译者注

一件事，而且能从餐馆工作人员那里得到很多肯定的反馈。鼓励孩子使用基本的词汇，如"你好"、"请"和"谢谢"。这会加强语言技能以及良好的礼仪！

点餐

学会为自己点餐是孩子们需要学习的一项重要技能，也有助于增强他们的自信心。在他们和服务生说之前，最好先和你讨论一下他们想点什么菜，这样才不会出现什么意外（"妈妈！我要点一只舌头！"），然后你批准他们的选择。如果你的孩子不太会为自己点餐，那就准备好接手，以免给他人带来不便。如果你的孩子很执拗，一个很好的妥协方法就是让他选甜点，条件是他在整个用餐过程中都表现良好。

在别人家里用餐

如果你和你的孩子去别人家做客，一定要在吃饭前告诉孩子你对于他们在餐桌上的表现有何要求，尤其是要尝一下端上来的任何食物，要对主人作出回应。这对于年幼的孩子尤其重要，他们的诚实通常会让他们的外交手腕相形见绌。有一条好方针是制定一项"试吃一口"的规定，他们至少要吃一口主人端上来的任何食物。向孩子们解释，无论他们是否喜欢这些菜，都不应该发表负面评价或发出作呕的声音，并且应该感谢主人的餐食，这些都是非常重要的。如果食物是"自助"的，孩子们可以自取自己喜欢的食物，但是别大肆宣扬他们为什么不吃每一种食物。

当众纠正你的孩子：保持安静

孩子会犯错，父母同样也会。当你们在旅行时，或在一个陌生的地方时，产生压力的可能性很大。在公共场合纠正孩子的错误会让你们双方都感到尴尬而且可能适得其反。如果可能的话，安静而迅速地纠正他或者她，过后再在私底下处理这件事，向孩子解释哪里出了差错。年幼的孩子可能不记得你为了什么事去纠正他们，把这变成了一次学习机会，少一些纠正，多一点主动积极的强调。

避免不得不在公共场合纠正孩子错误的一个好方法是预先设定正面的期望，这样孩子们会得到提示，知道怎样做才是良好的行为,而不是担心什么是不良行为。如果别的努力都失败了,准备采取行动,在必要的时候让孩子离开这个环境——即使晚餐刚上菜。如果你没有准备付诸实施,不要发出"如果你再扔一样东西,我们就要离开"这样的威胁。你将失去权威人物的效力,将会一而再,再而三地受到考验。"坚定并友好"是个很好的座右铭。

失去理智

家庭旅行的乐趣之一就是与其他家庭成员互动。虽然随身听和掌上游戏机能让孩子们在闲暇时间有事可做,但过度使用会让使用者与其他家庭成员隔绝开来,脱离团队体验,并且表现出对他人不体贴。在开始你们的旅行之前,为在何时、何地可以玩掌上电子游戏或者听随身听设定一些限制是个好主意,这样每个人都知道基本规定是什么,每个人都是在平等的条件下一起体验这次旅行。

良好的旅行礼仪的强化训练方法

餐厅试营业

年龄范围:三岁及以上

这项活动对于外出就餐来说是很好的练习,尽管它需要你付出更多的努力。你的孩子将经营餐厅,轮流担任"客人"、服务生、厨师等等。你可能会一直是厨房帮工。让服务生摆好桌子,为其他人设计菜单,接受客人的点菜,并端上餐食或者小吃。客人要有良好的餐桌礼仪(见第一章),并准备好小费,厨师和厨房帮工负责准备饭菜。这样做你的孩子会很开心,你也会更加喜欢去餐厅吃饭的那些夜晚。

教育使旅行更有趣

如果你和孩子们要去一个新的地方旅行,那么就要了解你们即将要去的地方。当你们已经和这个地方发生了联系之后,旅行和观光对每个人来说都会更加有趣。对于大孩子来说，当他们对这个地方有所了解之后，有关这个地区及其文化的小说、电影和杂志可以为他们的参观体验带来一个全新的维度。为年幼的孩子找一些和你们所去之处的民族和地区有关的画册，或者编一些故事讲给孩子们听，加入一些你们可能会看到的景色介绍。当他们到达目的地时，就会有一个知识基础来让自己与之建立联系。

惊喜摸彩游戏

年龄范围：三岁及以上

在这项活动中，兄弟姐妹们为彼此制作惊喜包。在旅行中每隔一个小时，孩子们就可以拿出一个包装好的小惊喜，并且打开它。这项活动不仅能让孩子们享受他们收获的"战利品"，你也有额外的收益，就是让孩子们考虑到别人的最大利益。这个好方法可以用来向孩子们强调，给予别人东西乐趣无穷。

确定你们将用于旅行的小时数，给家里的每个孩子分配任务，要为他或者她的兄弟姐妹寻找一定数量的小惊喜。你可以把你们已有的东西和现买的有趣东西都放在一起。每份惊喜都包好，对别人保密，这样在旅途中每一件物品对每个人来说都是惊喜。它甚至可以使漫长的旅程过得很快。

博物馆的线索

年龄范围：四岁及以上

许多博物馆为年轻人提供了有趣的展览，但这儿有一个游戏可以帮助你的孩子保持专注力。你挑选五到十个常见的物品或者动物，比如气球、狗、汽车、书籍等（一个好主意是了解当前展出的展品并且选择他们有可能会看到的物品），要求孩子们仔细地观看每一件艺术品或者展品，看看他们能否发现这些物品。你会惊讶地发现，孩子们在寻找时能够表现得专心致志。

 ### 地理小蜜蜂

年龄范围：五岁及以上

在这个游戏中，玩家必须根据上一位玩家所说的地名的最后一个字母,想出合适的地名。比如,第一个人选择一个地方"Alaska"(阿拉斯加),下一个人必须想出一个以这个单词的最后一个字母开头的地名。所以这次轮到的第二个玩家要想出一个同样以 a 开头的地名。

任何地名均不能重复使用。

一日巡游总监

年龄范围:八岁及以上

赋予孩子们权力!让每个孩子在你们的旅行中至少研究并且选定一项活动,或者,如果你们正处于学校放假期间,急需消遣,让孩子们轮流当一天的娱乐总监。提前为相关的项目制定可以接受的基本规则。让他们为这项活动做一些调查,打一些需要打的电话,算出他们想做的任何事情所需要的费用(可能需要你帮忙)。即使一个孩子选择的活动不是其他孩子想要的,他们也会知道自己也有机会成为巡游总监。

来一场虚拟旅行

年龄范围：十岁及以上

最好的旅行者是受过教育的人。让你的孩子在网上研究你们的旅行，规划路线，或者调查潜在的支线旅行以及各种活动，或者你们到达目的地后要探索的热门景点。有的时候，最有意思的景点并不是在标准的旅游指南中找到的，而是在网上发现的。

外出野餐

年龄范围：各个年龄段

有时候上餐厅就餐是行不通的。尝试一下野餐，你们仍然可以享受当地的食物以及氛围。在酒店房间里、博物馆外面或者公园里来次野餐吧。

我们到了没

长途汽车旅行会把我们每个人内心深处的那个烦躁小孩给释放出来，但是通过提前计划，你可以防止孩子们之间不可避免的争论，比如谁占了最大的位置，为什么他们不能再唱一遍《墙上的九十九瓶啤酒》。这儿有一些点子，可以让你们每个人在路途中都心情快乐、举止优雅。

带上一本好书

如果你的车里有CD播放机，设法从图书馆租或者借全家都会喜欢听的有声读物，当孩子们都沉浸于一个精彩的故事中时，时间就会飞逝而过。

拆分旅程

安排许多停留点来将旅程拆分开来。总体上来看，这些停留会让旅程变得更长，但是孩子们需要暂停来舒展他们的四肢。虽然参观世界上最大的蜡球对你来说可能不太好玩，但你的孩子会永远记住它。

玩些游戏

这些游戏虽然都老掉牙了，但还是很不错。当我们还是孩童时它们就很管用，应该能在漫漫旅途中让孩子们忙乎一阵子。

拼字游戏 GHOST

在这个游戏中，玩家们轮流加上一个字母，这些字母差一点就组成一个单词，但却不是单词。（例如，第一个人可能说"P"，第二个可能说"O"，第三个可能说"R"。所有这些字母都应该是一个真正单词的一部分，但它们本身不能组成一个单词。）如果一个玩家加上一个字母后，无意中拼出一个单词，她会得到一个"G"。（下一次就会得到"H"，以此类推。）玩家也可以互相挑战，例如，如果有人拼了字母"MTZQ"，他们心中可能没有想好这些字母来自哪个词。如果被挑战者不能给出一个合理的答案，她就会得到一个"G"。最早凑齐"GHOST"的玩家就输了。

字谜游戏

选择一个至少有七个字母的单词（或者短语），然后看看孩子们还能用这些字母编出多少其他的单词。你可以选择与你们的旅行相关的词汇。例如，"Rest Area Ten Miles"（服务区还有10英里）或者"Road Construction Ahead: Expect

Delays"（前方道路施工：预计延误）。

20 个问题

玩家们轮流想出一个名人、一种动物或者其他一致认可的对象。其他玩家可以围绕这个对象进行提问，尽量获得足够的线索来做出正确的猜测。出题的玩家只可以回答"是"或者"不是"。如果其他玩家不能在 20 个问题之内猜对答案，那么出题的玩家继续出题。

字母游戏

玩家们按字母表的顺序寻找招牌、车牌等上面的字母。第一个找全字母表的人获胜。在这个游戏中，作弊的可能性很大，所以要做好调解纠纷的准备，或者以合作而不是竞争的方式来玩这个游戏。

车牌宾果游戏

玩家们寻找并且记录下他们能找到多少个不同州的车牌，以及每个州能找到多少种不同的车牌。你可以为游戏设定时间限制，也可以设定为整个旅行期间。

问与答

问： 我们旅行时，我的孩子们看到其他孩子在机场候机区到处跑，他们不明白为什么我不让他们这么做。有什么好办法向他们解释呢？

答： 帮助你的孩子运用良好的旅行礼仪的关键之一是事先说明你的要求，这样你和他们对"良好举止"就有了相同的定义。当你的孩子看到其他孩子行为不端时，你们可以玩个游戏，来找出那些孩子做错了什么事情，然后让你的孩子告诉你正确的行为是怎样的。也可以告诉你的孩子，不同的家庭有不同的家规。类似这种"我看见"的游戏就是打发无聊等待时间的好方法。同时，务必给孩子们提供许多在你的监督下四处走动的机会。

问： 我们将要拜访没有孩子的朋友，他们很晚才吃饭。他们希望我的孩子和他们一起吃饭，但是我很担心孩子们的行为举止，因为这比他们习惯的就餐时间晚得多。我怎样才能帮助我的孩子适应很迟才吃饭？

答： 记住，你的孩子是排首位的，不要指望孩子去做他们做不到的事情，这注定会让你或者你的孩子失败。如果你觉得这时间对你的孩子来说是太晚了，一定要向你的朋友解释，而且，稳妥起见，给你的孩子吃点零食或者"傍晚茶"来帮助他们渡过难关，或者带他们提前出去吃一顿晚餐。你也可以选择请一个临时保姆。

问： 最近我们去了一家餐厅吃饭，我七岁的儿子非常努力地表现出良好的礼仪，而他的弟弟表现得很糟糕，我们不得不在吃甜点前离开。我们该如何公平地处理这个问题呢？

答： 务必告诉举止得当的孩子你是多么为他的行为感到骄傲，也要清楚地告诉他和他的弟弟，你知道举止不当的孩子也会取得进步。将不良行为归于外因，将良好的行为归于孩子，这是很重要的。这意味着要对行为不当的孩子说："真的是恶作剧先生让你上蹿下跳的，对吧？"而不是责备他表现太差。此外，回顾一下你对这顿饭的预期：上你选的这家餐厅吃饭，他是否太小了点？他是不是太累了，没法一直坐到吃完这顿冗长的晚餐？你们待得太久了吗？这样做能帮助你下次安排得更好一些。

下一次的另一种选择是，带着表现不佳的孩子走出餐厅，散步或者开车兜风（如果不止一位成年人在场的话），让另一个孩子吃完饭，包括甜点。给大孩子的另一种奖励是在便利商店停一下，为他买点小礼物。

期望清单

这一部分根据不同的年龄划分，可以用作你是否可以期望你的孩子在旅行时、在公共场合的行为举止方面达到某个目标的快速参考。你要有较高的，但是并非不合理的期望目标，否则成功肯定会离你而去。请注意，这一部分基于非常普遍的成长阶段，为孩子们提供了大致的指导方针。你的孩子的成长进度可能有快有慢，因此他们的能力和下文相比也可能有强有弱。

还要注意的是，当孩子们接近相应年龄范围的上限时，他们更可能熟练掌握下文所列的技能。

学步至二十四个月，你可以期望孩子做以下事情：

- 如果你活跃、好奇、焦虑，他也会如此。他会接收你的生理和情感暗示，所以如果你是一个冷静、快乐的旅行者，他很可能也是。
- 如果你边走边解释旅行的过程，他会觉得更自在。例如，"我们在排队上飞机"，或者，"那噪声是飞机起飞的声音，我们在不断上升，上升！"
- 如果你们在飞行，他可能会因为耳压变化的困扰而哭泣。在他的嘴唇上涂点柠檬可以促成打哈欠般的面部运动，可以缓解耳内疼痛。玩奶瓶、吸奶嘴以及喂奶也会有所帮助。
- 如果你的安排尽量接近他的日常时间表，他会最开心。请注意，对于小孩子来说，在美国境内从东到西旅行比从西到东旅行要困难得多，然而，你可能会发现如果在海外飞行，情况正好相反。
- 他会需要站起来四处走动。如果你们坐的是飞机，选一个靠过道的座位。飞机上的隔间座位会比标准座位留给你们更多的空间。

- 如果你们自驾旅行，夜间行车时他就会睡觉。如果你有规律地停车休憩，他会表现得更好。

三岁至五岁，你可以期望孩子做以下事情：

- 如果你们在飞行，他需要你帮助缓解耳朵的疼痛。嚼口香糖、喝水和打哈欠有助于平衡耳压。
- 如果你跟他讨论旅行的过程，包括你对行为的要求，在别人家里的规矩等，他会感到更加放松。他需要经常提醒。
- 旅行期间，他需要各种各样分散注意力的活动。要计划带上书籍、玩具等。
- 在出发或者登机前，他需要上厕所。
- 如果坐在陌生人旁边，他的好奇心会增加，也许会担心。大声解释你家与他人交流的规则，这样你的孩子和他的邻座就会明白。
- 如果是开车旅行，若是夜间行车，或者在午睡及休息时间开车，或者有规律地停车休息，他会表现得更好。

六岁至七岁，你可以期望孩子做以下事情：

- 在这个年纪，他会对规则非常感兴趣，很有可能会帮你注意到别人在违反规则，即便他自己也在违反规则。
- 他需要各种各样的活动分散注意力，让他在旅行期间保持忙碌。
- 他会密切注意你正在做的事情，重要的是为他示范良好的旅行礼仪，并且向他指出这一点（例如，耐心地排队）。
- 在出发或者登机前，他需要上厕所。
- 他会对自己将要去哪里和去那里需要多长时间感兴趣。通过让他了解你们的目的地、离目的地有多远等信息，帮助他做好准备。
- 如果你们是开车长途旅行，若是夜间行车，他会表现得更好。

八岁至十岁，你可以期望孩子做以下事情：

- 他会是一个比早些时候更好的旅行者，主要是因为他习惯了在学校里久坐。
- 如果他有事情忙活，会是一个很好的旅行者。
- 他偶尔还需要他人强调就餐礼仪等规则，但是他自己也会比以前记得更牢。
- 他有时可以与成年人一起晚点吃饭，但是不应该强迫他或者要求他这样做。
- 在美国，他很可能很难适应从东部到西部的时差变化（所有年龄段的孩子都可能这样）。最好是花一周时间来慢慢推迟他的睡觉时间来适应时差，但是要对困难有思想准备。如果要往东飞到海外去的话，情况相反。
- 在这个年纪，他正在飞快地长身体，可能需要起身舒展身体，要经常停留休息。

十一岁以上，你可以期望孩子做以下事情：

- 他将会掌握本章所讨论的礼仪，但是可能需要在旅行之前重温一下。
- 他将更加适应社交，与他人交往更投入，并且将掌握在飞机上以及其他社交场合与陌生人交谈的技巧。
- 他将会理解在受限的旅行空间中坐姿和举止必须得当,但是仍可能需要四处走动。(这个年纪的男孩尤其如此,他们成长得很快。)

CHAPTER 7

第七章

运动场礼仪:

我们稳赢！你们必输！冲啊！

本章所涵盖的基本礼仪：

- 学会尊重教练、老师、队友和裁判
- 保持积极的态度
- 恪守承诺
- 输赢不失尊严
- 在场边保持良好的体育精神

你和一位老友一起观看她女儿的篮球比赛，正为最后的几秒钟而焦虑不已。她的球队只落后一分，时钟在嘀嗒走着。朋友的女儿在球场上奔来跑去，显然正处在生命中最美妙的时光。她拿到了球。几乎没时间了。她想传球，但是没人可传。她沉住气，从很远的地方投篮——一个不可能进的球。终场哨声响起时，球在空中划出弧线，击中篮筐，弹了出来。没得分。另一支球队获胜了。主场观众发出叹息声，你为她感到难过。你和朋友准备去安慰她，因为你们确信她会落泪。但她并没有哭，而是马上跑向对方球队，向每个队员表示祝贺。她周围都是自己的队友，队友们为她付出的努力以及如此接近成功而拥抱她，和她击掌。她们回到自己这方的球场，围在教练身边。教练告诉她们，她们打得很好，打得很尽兴，他希望她们在每场比赛中都能这样拼。每个人都很疲惫但是很开心，她们度过了快乐的时光。

这是什么，某种类似《课后特殊时间》的剧情吗？不，这只是在运动场上的良好举止——青少年比赛的最佳状态。本章将帮助你教会孩子基本的良好体育精神，从尊重其他运动员到无论输赢都要不失尊严。

如今，教育你的孩子成为一名有风度的运动员是一件很困难的事。毕竟，如果你看一下报纸或者电视，被报道最多、赚到的钱也最多的那些人，他们的行为举止看起来肯定就是那种你竭尽全力不想养出来的孩子！但是教育你的孩子成为有风度的运动员是很重要的。事实上，学习良好的体育精神与受到训练成为一名优秀运动员、戏剧明星或者拼字比赛冠军同样重要，因为虽然孩子的竞争性职业生涯可能只持续短短几年，但良好的体育精神是一种他们每一天都需要的品质，从现在直到成年。

如何为成功做好计划

- 树立一个好榜样：不要批评或者质疑教练、裁判、孩子的队友或你自己的孩子。

- 客观地看待事物,不要太纠结于成功和卓越的表现。是你的孩子们为了自己而参与,而竞争,不是你。
- 首要的任务是让你的孩子准时参加训练和比赛。遵守承诺、遵守时间是重要的生活技能,这是教授这些技能的绝佳机会。

基本原则

在竞技场上,良好的礼仪都与尊重有关:尊重团队并成为其一员,尊重裁判和教练们费心传授的技能,而且还要尊重对手。竞争就像现实生活的一个超浓缩版本,每件事都是通过榜样来传授的,并在短时间内一次次地不断重复。这就是为什么尊重他人是你教育孩子的重点。如果你要把孩子托付给一位教练,在让孩子接受他或者她的指导之前,要确保你了解并且喜欢那位教练的理念。记住,你的孩子将学习他所看到的东西,如果教练对待比赛的理念与你不同,那么在把孩子托付给他或者她来教导之前,你要三思。

培养团队精神:创造积极的环境

成为团队一员意味着要学会尊重他人。学会这一点的最好的方法就是营造这样一种环境,在任何时刻都只允许积极的评论与行为。

运动场上的良好举止意味着要始终支持队友。

教导你的孩子在运动场上保持良好的举止,首先要让他们成为团队的一员,这意味着要始终支持他们的队友。在一个团队中总会有各种各样的孩子,有些人天生就很优秀,有些人懵懂无知,有些人则介于两者之间。优秀的孩子无疑会对不优秀的孩子感到失望,尤其当比赛或者竞争处于紧要关头时。但无论什么情况,队员都不应该养成批评队友的习惯。

队员们需要始终互相支持的一个重要原因是为了鼓励冒险精神。参与青少年体育运动或者任何团体活动的部分目的就是鼓励孩子们去承担风险、勇于冒险，无论是第一次罚球，试图再多盗一个垒[1]，还是尝试新的鱼跃突破。冒险需要队友之间的信任，为了离开他们的安全区，孩子们必须感知自己得到了同伴的支持。一个"只给予正面评价"的环境会培育冒险精神，让孩子们自我激励。

不言而喻，团队成员永远不应该批评教练、评判员或者裁判员，但不幸的是，情况并非如此。如果你的孩子正在运动场上或者处于比赛中，他不该对一项指令进行争辩或者发表负面评论，或者甚至用肢体动作来表示她对教练的要求有异议，或者在比赛中不同意裁判员的裁决。评判员和裁判员担负着很多职责，必须根据他们看到的情况迅速做出决定。嘘声、吼叫以及大发雷霆都不会改变他们的裁决。所以每个人，包括参赛者、教练和观众都应该优雅地接受他们的决定，或者至少不发脾气。

---

[1] 在棒球比赛中，在击球员没有击出球的情况下，跑垒员成功跑到下个垒包，称之为盗垒。——译者注

如果你是教练

当你扮演教练的角色时，你就有了双重责任。你可能认为在家里树立一个好榜样就够了，但是在运动场上这样做更重要。当你是一队孩子的教练时，每到一处都会有几个到几十个的孩子看着你的一举一动，并且从中学习。每时每刻，你的行为举止都要和你对孩子的要求一样，这一点至关重要。作为一名教练，从第一天你把哨子挂到脖子上开始，直到团队野餐，你在烤架上翻转最后一份热狗时，每一分钟你都需要示范良好的行为举止。他们不会无缘无故地叫你"教练"。

建立一项不批评政策并予以执行确实有效，这将有助于在运动场上时刻保持一种积极的运动态度，能使团队齐心协力，并且帮助孩子们认识到衡量是否成功主要是看他们的配合有多好，而不是他们的个人得分有多高。**不管你是不是教练，教会孩子去接纳与支持他们的队友，对于教会他们在生活的其他方面接纳与支持他人都是大有帮助的。**

作为教练，训练你的队员们听从你的权威并且作出回应是很重要的。试试这项团队挑战吧。在训练的第一天，当你的队员在场上热身时，吹响哨子或者叫他们过来。你可能会发现他们在踢完最后一个球或者投完最后一个篮后，零零散散地走过来。当最后一个队员入列时，向他们解释你的信号就是给他们的指令，当你叫他们过来或者吹响哨子时，他们应该立即停下手头的事情并且向你跑过来。接着让他们解散，再次吹响哨子。这一次，最后归队的队员必须接受一点惩罚，比如两个俯卧撑。孩子们会对挑战感到兴奋，没人想当最后一名，接受处罚。这也有助于你让大家明白在场上谁说了算，这是重要的第一步：教会你的队员懂得尊重。

保持趣味性

有关青少年运动，最重要的一件事是要记住每个人都能从中获得乐趣，包括教练、其他队员、裁判以及观看的父母。孩子们应该为了乐趣而运动，这很简单明了，除非他们玩得开心，否则很难教育他们怎样在这项运动中成为有风度的运动员。因此，在任何人上场之前，你们都应该吞下一粒现实药丸：你们的小小足球联赛并不是世界杯的一部分。你的孩子，无论他多么像当年同龄的贝利，都极不可能因为他在本地十二岁及以下的足球锦标赛中表现出色而赢得奖学金或者受邀参加国际足联的训练营。如果你已经签约成了教练，保持积极、正确的态度。你负责教导团队学习技能和体育精神，如果赢得一场比赛，一次锦标赛，或获得冠军会对孩子们来说很重要，对你而言，它应该是一份额外的收获而不是圣杯。

用"三明治法"进行教学与指导

作为教练，你的主要角色之一就是老师，你将帮助你的队员学习新的技能，练习老的技能，其中包括对你的队员提出建设性的批评。你是运动场上唯一一个应该对你的队员做出任何一种批评的人，而且你需要让你的团队清楚地知道这一点。提供建设性批评的最佳方式是使用"三明治法"，即当你对此队员的技术的某一方面提供正面反馈时，将一个教学要点置入其中，让他其继续学习，并且随之加以积极的鼓励。

"三明治法"不仅适用于运动技能，也适用于社交技能。如果你需要改善一位队员的态度，把她拉到一边，采用同样的方法："金妮，我确实很喜欢你在场上热情洋溢。记住，我们对自己的队友只采用积极的鼓励，甚至对对方的队员也是这样。我还指望你来带领整支队伍呢！"金妮离开之前，最后听到的是一些肯定的话语，并且得到一项特殊任务。与此同时，你已经确立了自己作为领导者和发号施令者的地位，完全凭借正面评价。

输赢不失尊严

教会孩子如何面对输赢而不失尊严，听起来像是自相矛盾的，不是吗？如果你曾经和一个七岁的孩子玩大富翁游戏，却意外地赢了，你肯定会懊恼不已。但是教会一支队伍以幽默和谦逊的态度去看待输赢是非常重要的（实际上也更加容易）。这一方面取决于父母和教练树立的榜样。这也是孩子们能够带给同伴的正面压力。如果有个孩子是个有风度的运动员，他或者她就可以影响他人。另一方面是在队员之间建立一种团队精神，建立他们希望保持这种团队精神的责任感。

队际练习赛、运动会、单项比赛或者其他竞赛都是练习输赢的重要机会。因为有些队员会赢，有些会输，由此可以讨论一下双方的感受。队员可以体会到，赢的感觉有多美好，输的感觉就有多糟糕。这就是为什么这一点很重要：不要在场上四处尖叫、蹦跳，不要当着对手的面炫耀自己的胜利，也不要在输球后跺脚、生气，表现得像个心情不好的两岁小孩。孩子们通常对其他孩子的感受异常敏感，尤其是当他们尝过胜利和失败的滋味之后。

如何成为一名出色的体育榜样

竞争，无论是在体育、学术还是创新领域，都能激发出人们身上最好的一面，也常常能激发出最坏的一面。如果你希望你的孩子通过学习成为有风度的运动员,那么你自己亲身示范良好的体育精神是绝对重要的。以下是你下一次身处一场比赛或者其他竞赛的现场时需要思考的事项清单:

- 就算你认为裁判或者教练做得不好,你也能安静地坐在场边吗?
- 就算你有一些自以为对的孩子有帮助的建议,你也会听任教练在比赛期间履行职责吗?
- 你会支持孩子的教练做出的决定、给予的建议吗?即使你未必会建议这样做。

- 在家里谈论其他队员或者教练时，你是否会遵循"只给正面评价"的准则？
- 你是否客观看待输赢？
- 你是否能记得，这毕竟只是一场比赛？

如果你对以上问题的回答都是肯定的，那么恭喜你！你是完美的运动员父母。你正在通过支持教练、裁判的决定，通过向孩子展示你信任教练的经验以及领导、培养其团队的能力，来帮助你的孩子学习良好的体育精神。你也在向孩子强调自己对团队精神、积极心态的尊重，同时你始终客观地看待输赢。

如果你对以上任何一个问题的回答是否定的，你可能需要重新评估一下自己的动机。青少年运动不应该成为父母通过孩子来重温他们受挫的运动抱负的机会。记住，当你的孩子踢足球、打棒球、参加径赛、加入游泳队时，无论哪种运动，这都与你无关，事实上，这根本不该与你有关。这一切都和他们有关，和他们从中有何收获有关。最大的收获是他们通过参与提高技能，获胜只是可能得到的意外收获。

良好举止意味着恪守承诺

作为团队的一员就是对团队做出承诺,当孩子缺席时,每个人都会受到伤害。对于团队来说很重要的是,队员们要准时进行训练和比赛,并做好上场的准备,孩子们长大之后尤其如此。当然,有时候你的孩子不得不缺席训练或者比赛,或者迟到,但是提前让教练知情将有助于减少因孩子缺席导致的混乱以及潜在的后果。这与父母和孩子都有关:教育你的孩子,加入一个团队意味着做出了承诺,这样做很重要。是否去参加训练不应当取决于电视上正在播放什么节目,或者取决于那天是否想玩滑板车。

良好的运动场礼仪的强化训练方法

（请注意，其中的许多游戏在家里、在团队中，甚至在教室里都同样能玩。你也可以应用在生日派对上。）

"做这个，做那个"

 年龄范围：五岁及以上

这个游戏是"西蒙说"的一种变体，可以帮助你的孩子学会注意你所说的、你所做的事情。每当你说"做这个"时，玩家都应该模仿你的动作。当你说"做那个"时，玩家们不该听从你的指令。孩子们喜欢这个游戏，这是让他们关注你和你的行动的好方法，同时也是让他们用耳朵去聆听、去理解指令的好办法。

最晚归队者

年龄范围：五岁及以上

这个游戏教孩子们听从和尊重他们的教练。当你想在训练中提出一个教学要点，或者感觉到队员们被其他事情分散了注意力时，这是很有用的。大声喊："最后归队的受罚！"所有的队员都应该向你跑过来。最后一名要受点处罚，比如做两次开合跳。

不许动！

年龄范围：五岁及以上

这种游戏有助于让队员们每时每刻关注教练以及他的指令。在运球、传球、投篮等项目的训练中，喊道："不许动！"队员们应该在所处位置保持静止。如果有人因为没有听到或者没有注意而继续移动，给那个队员一个有趣的小惩罚，比如单脚跳左右各三次。

捏手传递/无声练习

年龄范围：五岁及以上

这项练习非常适合用于训练结尾，或者任何你想让队员们安静下来的时刻。让大家坐着围成一圈，手拉着手。一个人开始捏他右边那个人的手，此人再去捏他右边那个人的手，以此类推,直到每个人都被捏过为止。你可以看到你们能多快地将捏手从第一个传到最后一个,也可以分组进行比赛。你可以将一些变化,比如无声练习加入捏手传递,让你的队员们学会通过观察来学习:当队员们准备开始这个游戏时向队友发出信号,不能说话,也不能发出声音。这个训练帮助队员们集中精力,像一个团队一样完成一个目标。还有一个额外的好处就是这项练习很优雅,很安静。

数字排列

年龄范围:六岁及以上

这个游戏帮助孩子们学会团队合作。它认可并且积极地强调了参与者之间的差异,因为在这个游戏获得成功的过程中,每个人对于团队来说都是同等重要的。把你的队员集合起来,让他们从高到矮排列,记录花了多少时间。如果你不想强调身高(此处有点敏感),可以选择不同的排列,比如年龄从大到小,或者男女间隔。他们会为自己完成了任务而感到自豪,渴望下一次能缩短时间。他们会在没有意识到的情况下像团队一样合作。这个游戏也很有趣。

同伴压力比赛

年龄范围：六岁及以上

要向孩子强调，为什么他们需要在成为团队一员之后保持积极的态度。进行一场同伴压力竞赛是一个好办法。这可以适用于任何运动，但是此处所述的是涉及一个球和一个目标物的运动。挑选一名球员，不管他是最好的还是最差的，让他成为前锋和中锋。向队员们解释，如果他射门（或者投球，或者进球），他们都会得到奖励。如果他没有这样做，整个团队就得接受一点小惩罚，比如绕着体育馆跑，或者绕着垒跑。让该队员来射门或投篮。如果他进了球，让每个球员都来祝贺。如果他没有进球，那就看其他队员的反应。如果他们皱眉头或者发表负面评论，就把他们召集到一起，回顾一下当时的情况：他们的队友不过是肩负着整个团队的责任上场的，并且已经尽了最大努力去射门。然后问："谁会故意射丢呢？"并告诉他们去体会射手的感受，而不是他们自己的感受。此后，命令他们接受惩罚。而在他们再次排好队之前，每个队友应该向射手击掌，说一些鼓励的话语，重点在于射手的感受，而不是其他队员的感受。

问： 我女儿所在的球队赢得了大部分比赛。虽然孩子们在比赛时表现得很有风度，但每次他们获胜时就像赢了冠军杯决赛一样欢呼雀跃。这通常是由教练带头的，虽然我不想破坏他的权威，但是我希望女儿的球队比现在更多点考虑输方队伍的感受。我该如何解决这个问题？

答： 这很重要，也有点棘手。你应该从多方面着手来处理这个问题。在不批评教练的情况下，和女儿讨论输球的感受，鼓励她对其他球队有同理心。用积极的鼓励帮助她优雅地获胜。直接和教练交流，用一种建设性的方式，诚实地表达你的担忧。如果你不以批评的方式表达你的担忧，教练可能会更容易接受你的话。你也可能想和文体主任或者体育部门的负责人（无论哪位负责组织球队的人）讨论一下这种情况，聊聊他们对这些问题的看法。他们将会是为教练定调子的人。

问: 我是我儿子的棒球教练。当他以前接受其他成年人的指导时,他是一个举止得当的典范,但是当我成了他的教练后,他就会顶嘴、抱怨。到目前为止,我们俩人都不大愉快。我怎样才能解决这个问题?我应该做些什么来帮助他(以及我自己)来更好地享受我们的经历呢?

答: 孩子们会混淆角色与界限。这些都是我们在成长过程中要学习的功课。你首先是他的家长,他已经习惯了你们作为儿子和家长的角色。当你成为他的教练之后,你所拥有的另一种身份带来了角色的变化,向他强调这种变化。针对所有球员的明确规定以及后果将有助于表明教练在场上的角色。如果他抱怨,让他跑垒,这样一来大家都会知道,所有的球员都将为他们的行为承担后果。

问: 我女儿的球队最近和另一支实力强得多的球队打了一场比赛。对方球队的教练不断地对着裁判大喊大叫,他的一些球员也是如此。我们的球队在整个经历中吓坏了,我希望能够解决这个问题。我能告诉她们什么呢?

答: 马上采取行动。就像我们在前几章所讨论的那样,推崇良好的体育精神。指出对方的哪些行为是不恰当的,让你女儿的球队知道你对她们的得当举止多么感到骄傲。请注意糟糕的体育精神会如何破坏"比赛"的意义。这首先是一场比赛,不应该变成一场战斗。

期望清单

这一部分根据不同的年龄划分,可以用作你是否可以期望你的孩子在体育和团队相关的礼仪方面达到某个目标的快速参考。你要有较高的,但是并非不合理的期望目标,否则成功肯定会离你而去。请注意,这一部分基于非常普遍的成长阶段,为孩子们提供了大致的指导方针。你的孩子的成长进度可能有快有慢,因此他们的能力和下文相比也可能有强有弱。

还要注意的是,当孩子们接近相应年龄范围的上限时,他们更可能熟练掌握下文所列的技能。

学步至二十四个月,你可以期望孩子做以下事情:

- 他不能参与团队运动。

- 他不能很好地或者很乐意与他人一起玩,然而我们应该鼓励他这样做。
- 他会以自我为中心,自得其乐,所以可以预料会有很多"那是我的!"之类的举动。

三岁至五岁,你可以期望孩子做以下事情:

- 他会常常玩平行游戏,并且越来越有可能与他人互动和玩耍,这是团队动力的前兆。
- 他会更擅长,也更加乐意与他人一起玩,尤其是快五岁的时候。
- 他在玩耍时会很有等级观念,特别是在轮流玩的时候。男孩尤其会表现出一种加强的尊卑秩序,一直持续到十一岁以后。关键是做好轮流和分享的示范,并在他这样做时给予奖励。这个年纪的女孩比男孩表现出更好的分享与轮流的能力,因为男孩的发育通常要晚大约一年半。

六岁至七岁,你可以期望孩子做以下事情:

- 他会非常注重"成为最好的",这和感觉自己能干、受到重视密切相关。
- 随着他对比赛规则的理解不断加深,他将更加关注胜利(在运动中,在比赛中,甚至在课间游戏中)。
- 他会很有竞争力,所以在这个年龄段,他的体育运动由一位好教练(也就是说,一位没有"不惜一切代价取胜"的心态,也不会用嘲笑来提出指导要点的教练)来指导是非常重要的,尤其是因为在这个年龄段,示范的影响非常巨大。

八岁至十岁,你可以期望孩子做以下事情:

- 他会更擅长于展示其社交能力,但是在兴奋的状况下可能会退步,需要提醒。
- 他会注意到一些家长只关注获胜,对犯错的孩子充满敌意、怒气冲冲。
- 他将能够听取建设性的意见,并从中学到东西,尤其是当这条意见夹在积极的评价当中时。
- 他仍然会专注于胜利，但是也会把发挥出色以及对误判的容忍视为奖励。输了比赛会让他觉得是对其能力的侮辱。

十一岁以上，你可以期望孩子做以下事情：

- 当他进入青春期时，他的社交技巧和自我接纳的能力将会更加稳固。要注意他的退步，因为随着青春期的到来，他会变得不那么自信。
- 他将认识到自己可能会有"失误"，有问题可能会向你咨询，而不是要求你帮他解决问题。